勝つための
最強体幹力メソッド

佼成学園高等学校アメリカンフットボール部ヘッドトレーナー
加瀬　剛

目次

第5章　キネシオテーピングで最強のMUTをつくる

はじめに

今まで幼児から高齢者まで、数多くのスポーツに携わってきました。練習や試合などでケガをしてパフォーマンスが落ちて、思うような実力が出せずにいたり、ひどい場合はその競技を諦めなければならないこともあったりしました。特に、コンタクトスポーツなどではケガが重篤化する可能性がより強くなってきます。

ケガをせずベストなパフォーマンスを行なえるかは、本人の努力はもとより、それ以上にその競技に携わっているスタッフ（トレーナー、コーチ、監督など）すべてがきちんとしたトレーニング方法を理解していることが重要になってきます。

これまで、自分がやってきたことが正しいと思い、どんな状況においてもそれを曲げずに貫くことも、一つの練習方法や指導方法かもしれません。しかし、「水を飲んだらバテるから水は飲ませない」というような昔の運動部では当たり前だったことも、今では時代錯誤な考え方になってしまうことも多々あります。また、いくら正しいことを伝えようとしても、結果に結びつかなければ、それは絵に描いたモチになってしまいます。

佼成学園 LOTUS が高校アメリカンフットボール選手権で三連覇を果たすことができ、このトレーニング本を出版することにしました。

第1章では体幹の重要性について書いています。

第2章では体幹における基本的な姿勢や動作を解説し、正しい体幹を習得できるように指導しています。体幹は難しいことを行なえば良いというものではなく、いかに基本的な動作を正しく行うことが重要になってきます。ただし、正しい体幹が身についたとしても一歩動いたときにせっかく身についた体幹が抜けてしまえば何の意味もありません。一連の動作と連携が取れていなければ体幹に力が入らなくなってしまいます。

第3章ではMUT（マッスル・ユニット・トレーニング）を通して体幹をより効果的に使うための筋を連結して収縮するためのトレーニング方法を紹介しています。「筋肉は縮むことはできるが伸びることはできない」のでストレッチングの間違った認識を解説し、より効果的なトレーニングができるための指導を行っています。

第4章ではバランスやパフォーマンスをさらに効果的にサポートするためのキネシオテーピングの貼り方について解説と指導を行っています。

本書はコンタクトスポーツだけでなく、すべての競技に携わる選手や指導者にとって活用できる内容になっています。現在、体幹について書かれている書籍は数多くありますが、体幹と筋肉の正しい動かし方（収縮）をきちんと連携させ、またその筋肉をさらにキネシオテーピングでサポートまでできる内容のものはないと思います。

それぞれの章で紹介されているトレーニング法を併用することでさらに効果が出てきます。スポーツに関わる全ての選手がケガに苦しむことがなく、思いっきりの良いパフォーマンスができるために本書が少しでもお役に立てれば幸いに思っております。

最後に、佼成学園LOTUSが実際に行っているトレーニング法を隠さず広く多くの方に教えられる機会を頂いたことを監督はじめ、多くの関係者に心よりお礼を申し上げたいと思います。

佼成学園高等学校アメリカンフットボール部ヘッドトレーナー
加瀬　剛

第1章

「体幹・MUT《マッスル・ユニット・トレーニング》・キネシオテープ」で勝つ！
最強の体づくり

アウターマッスルよりもインナーマッスルが重要

現在世の中にはたくさんの体幹系の本が出版されていますが、本来は特別に鍛えなくてはならないものではなく、誰にも教わらず、本能的に鍛えることができた筋肉なのです。

体幹とは「体の根幹」の筋肉であり、見た目の筋肉ではなく、どちらかというと目立たない地味な存在の筋肉です。

スポーツや体型などを気にするようになってくると腹筋のシックスパックのように見た目の筋肉(アウターマッスル)を鍛えたくなってくるのです。見た目の筋肉は確かに格好が良いのですが、ケガの予防やバランス力にはあまりつながりません。

アウターマッスルを鍛えるのであれば、アウターを支えるためのインナーマッスルをそれ以上に鍛えなければなりません。インナーマッスルを鍛えることは地味で、正直言って楽しくないです。一生懸命鍛えても筋肉が隆々になるわけでもなく、鍛えた感がありません。また、がむしゃらに鍛えたからといって、すぐに結果に結びつくわけではないので、当初体幹を鍛えていた人も長続きをせずに辞めてしまうのです。

例えば、赤ちゃんに、かつ丼を食べさせたからといってすぐに体力に結びつき成長が早くなるわけではありません。最初は母乳からスタートし、離乳食を食べ始め、消化に良い食材を徐々に食べ始め、かつ丼にたどり着くのは何年も先のことなのです。

筋肉も同じで、最初は本能的に体幹（インナーマッスル）からはじまり、徐々に生活を通してアウターマッスルを鍛えていきます。

この「鍛える」というのはウェートトレーニングなどの負荷をかけるトレーニングとは違います。あくまでも、日常の中で歩いたり走ったり、物を持ったりする動作の中で鍛えられていくことを指します。アウターマッスルがついてくるとインナーマッスルを今までのように使わなくなってきます。また、悪い姿勢をとることで、筋肉は必要以上に伸ばされ、アウターマッスル・インナーマッスルともに弱くなってきます。

昔の子どもは、周りの大人が「家に帰りなさい！」と注意するまで、外で走り回って遊んでいたものです。最近ではむしろ親が外で遊ぶことを促さなければ、子どもが外で遊ぶことはなくなりました。ゲームや塾など長時間の勉強をする子どもが増え、幼少期から姿勢を悪くしている子どももたくさんいます。

実際に小学生から腰痛や肩こりに悩んでいる小学生が数多くいます。昔では考えられない現象です。幼少期から姿勢が悪ければ、大人になるとさらに症状は悪化していきます。

スポーツをする人はパフォーマンスが下がり、スポーツをしていない人は慢性的な体の不調を訴えて来ます。

そのため、インナーマッスル（体幹）を再度教育しなければならなくなってくるのです。この流れから体幹が見直されているのかもしれません。

効果的に体幹の筋肉を鍛える

体幹を鍛えていく中でただ単一的にその筋肉を鍛えても意味がありません。

通常の体幹本と違って、この本にはもっと特別な理論があります。

それは「関節は滑車、筋肉はヒモ、体幹は土台」ということです。

筋肉はヒモみたいなものです。筋肉をいくら鍛えて、つまりどんなに強くて太いヒモがあったとしても、そのヒモが通る滑車（関節）が壊れていたり、不安定であったりしては最大限のパフォーマンスを発揮することができません。

そして、その滑車を支える土台が不安定であっても、筋肉は最大限のパフォーマンスを発揮することはできません。体幹がしっかりできていないと関節は不安定になり、関節が不安定だと筋肉は能力以上のパフォーマンスが出せなくなります。


関節・筋肉・体幹は、お互い密接に関連しているのです。


ただ、むやみに体幹を鍛えていっても、筋肉と関節の連結した動作を連動させなければ力は抜けてしまい効果が発揮できません。

本書では普段あまり聞きなれないマッスル・ユニット・トレーニング（ＭＵＴ）理論、筋肉を連結させて行うトレーニングについて解説していきます。

ＭＵＴは筋連結運動をすることで理想的な体づくりが可能となります。体幹にＭＵＴを同時にとりいれることで、理想的な筋肉の動きを再教育することができ、さらに体幹力を何倍も効果的なものに仕上げてくれるのです。

もう一つ、キネシオテーピング療法は40年前に考案され、現在では世界90か国以上で使用されている、スポーツをしている人にはすでにお馴染みなテーピング療法です。

キネシオテーピングは通常筋肉に沿って貼るテーピング療法であるように思われていると思いますが、現在では手術後の傷の修復、リンパ浮腫、痛みのケア、妊婦、そして人間だけでなく競走馬のケガなどにも使われるテーピング療法に発展しています。

今回は、バランスに効果的なテーピングを組み合わせることで、よりパフォーマンスを上げていくための貼り方を紹介し、体幹力をより高めることを可能にします。

第2章

知っているようで知らない「体幹」の重要な役割

体幹は、身体を支える重要な役割

体幹とは、頭や手足以外の胴体のことで、具体的にはお腹、腰、肩、骨盤が含まれます。

「体幹」は日常生活では馴染みのない言葉ですが、体の歪みについては、みなさん関心があるのではないでしょうか？

もともと骨に異常がある場合を除いて、体の歪みは、体幹が緩んだ状態から起こるもので、不調の原因にもなり得ます。

国際的なスポーツシーンで活躍が目立つようになった日本人選手、その秘密は彼らが体幹を鍛えることにありました。

この体幹、選手だけでなく、子どもからお年寄りまで体幹を鍛えると身体機能の改善や向上が見込まれることがわかってきています。

「体幹」とは、文字通り「体の幹」のことですが、どこを指すのかは分かりにくいです。

そこで英語の呼び名「ＣＯＲＥ（コア）」で言い換えると分かりやすくなります。

つまり、体幹には、「芯」・「核心」という意味があるのです。具体的には、体の芯となる筋肉や関節などを指しますが、明確な定義がないため、人によってその範囲が多少異なります。

体幹は、脊柱を中心とした外側・内側の筋肉や腹筋、肩甲骨、股関節などのことです。

もっと簡単にいえば、人の胴体部分のことを指します。

体幹は、身体を支える重要なコアの役割を果たしており、私たちが立ったり、座ったり、走ったりできるのは、すべてこの体幹があるからこそのことなのです。

また、姿勢を保ったり、呼吸をするために動かしたりする筋肉もあります。体幹は、言ってみれば、「縁の下の力持ち」で、私たちの動作にはなくてはならない重要な機能を果たしています。

赤ちゃんは体幹のスペシャリスト

赤ちゃんは生まれたとき、首が据わっていないことは、みなさんはすでに良く知っていることだと思います。それでは、赤ちゃんは首の筋肉が発達していないのでしょうか？

そんなことはありません。赤ちゃんは母体の中で育っている時から両手、両足、首は良く動かして鍛えています。その証拠に、赤ちゃんはある時期からお母さんのお腹を力強く蹴ったり、叩いたりします。また、首や体も良くひねります。

ただ、鍛えていない箇所が一つあるのです。それが「腹横筋《ふくおうきん》」なのです。

赤ちゃんはお腹の中で育っているとき、すべての栄養をお母さんのへその緒を通して小さな体に取り込んでいます。息もする必要がないのです。酸素も母親の血液を通して取り込んでいるのです。

そのため、生まれて最初に行う行動は肺を使って息をすることなのです。この泣く作業が赤ちゃんにとってとても重要であり、泣くことで「腹横筋」を鍛えていくのです。この作業は約三か月行われることで腹横筋がしっかり鍛えられていくのです。腹横筋がつくことで首が初めて据わるようになってくるのです。

「泣く子は良く育つ」「泣くことは赤ちゃんの仕事」と良く言ったもので、まったくその通りなのです。赤ちゃんは泣くとお腹がペコペコ動きます。泣くことで「腹横筋」つまり体幹が鍛えるようになるのです。体幹がつくから首が据わり、寝返りが打てるようになり、ハイハイができ、立てるようになり、歩いたり、走ったりできるようになるのです。

これらの動作はすべてが順番にできるようになることであり、首が据わる前から立ち上がったり、歩けたりすることは絶対にありません。

赤ちゃんが泣いたらすぐ抱っこすることは、赤ちゃんのトレーニングを邪魔してしまうことになるのです。「うちの子は静かで良い子なんだけど、首の据わりが遅くてねぇ」と悩んでいるお母さんはしめとおっぱい以外で泣いているときは少し泣かせておくことも必要です。

赤ちゃんは生まれ持って本能的に「腹横筋＝体幹」を鍛えるスペシャリストなのです。

人間は体幹を本能的に習得している

人間をほかの動物から区別する最も明確な特徴は、常態的な直立二足歩行を行う動物であることです。約七〇〇万年前、大地での生活は直立歩行が有利であったため、人類の祖先は木の上から大地に降り立ち、そこから人類の二足歩行が始まったのではないかとされています。

二足歩行ロボットや他の動物を見ればわかると思いますが、実は普通に二足で立って歩く動作は非

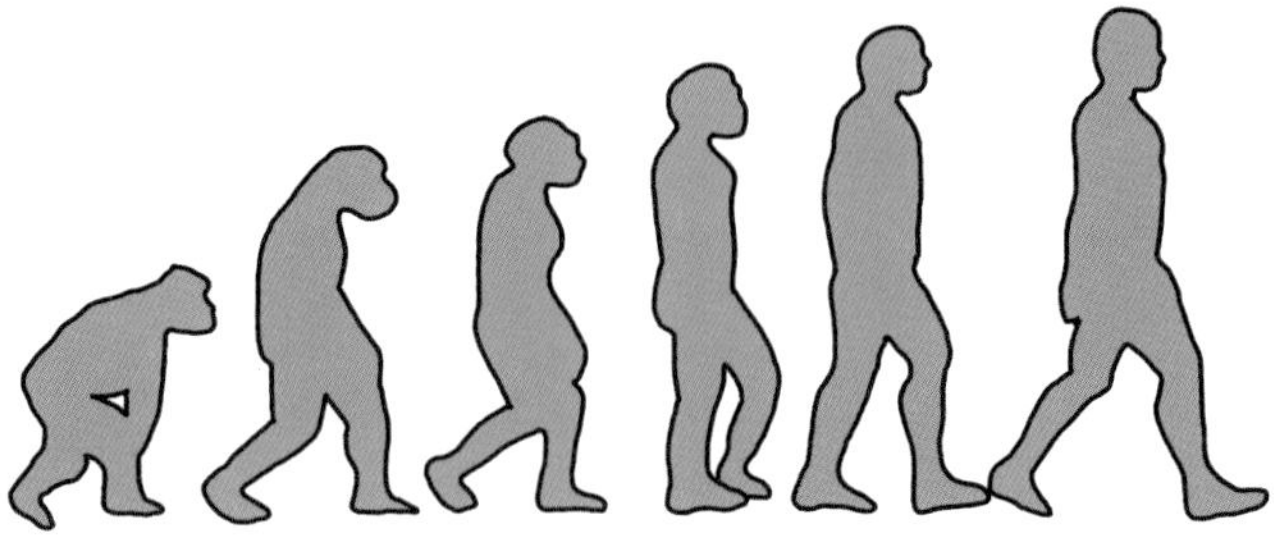

常に難しいことなのです。

人間は未熟な状態で生まれてきます。生まれたとき、首が据わっておらず、一人では動くこともできません。

約三か月の間、本能的に体幹を一生懸命鍛えてやっと首が据わってくるようになります。

首が据わると、寝返りが打てるようになり、ハイハイが出来るようになってきます。

次につかまり立ちができ、やっと最初の一歩を踏み出せるようになってくるのです。

この最初の一歩を踏み出せるまで約一年間かかるのです。

そのあと、ふらつかずに歩けるようになるまでは更に一年かかり、走れるようになるまでには三年もかかるのです。

歩行をする際、体の重心は上下だけではなく、前後左右にも動いてきます。

一般的な歩行では、踏み出した足と同方向に骨盤が回旋します。体幹はこれを打ち消す様に反対側に捻れ、これに従って反対側の腕が前に振り出されます。

人は無意識のうちにこれだけ複雑な動作が出来るようになっています。それも、誰にも教わらずに自然と出来るようになってくるのです。

二足歩行をするためには体幹を習得できていないといけません。

ただ、本能的には習得できた「体幹」も、悪い姿勢や生活習慣の中で次第に低下していくこともあります。だから、人は意識をもって「体幹」を鍛えておく必要性があるのです。

体幹に関係してくる筋「腹横筋の重要性」

体幹のインナーマッスルは、腹横筋《ふくおうきん》、横隔膜《おうかくまく》、多裂筋《たれつきん》、骨盤底筋群《こつばんていきんぐん》で構成されています。主に腹式呼吸で息を吐く（呼気）場合に最も働く筋肉です。

この中で腹横筋はとても重要な役割を持っており、上部は胸郭を固定し、中部下部は体幹の安定性を高める働きがあります。

お腹を凹ませる時に働く筋肉でコルセットのような役割があり、姿勢を保持するのにとても重要です。

腹横筋は、腹まわりの深層部に位置するインナーマッスルで内臓を包み込んでいます。

腹横筋は筋肉の構造上、筋繊維が横方向に走行していることからお腹の圧を高めることができます。

腹横筋が上手く機能していないと、バランス力の低下、パフォーマンスの低下、猫背などの姿勢悪化、内臓下垂、腰痛症、X脚やO脚など様々な要因につながっていきます。

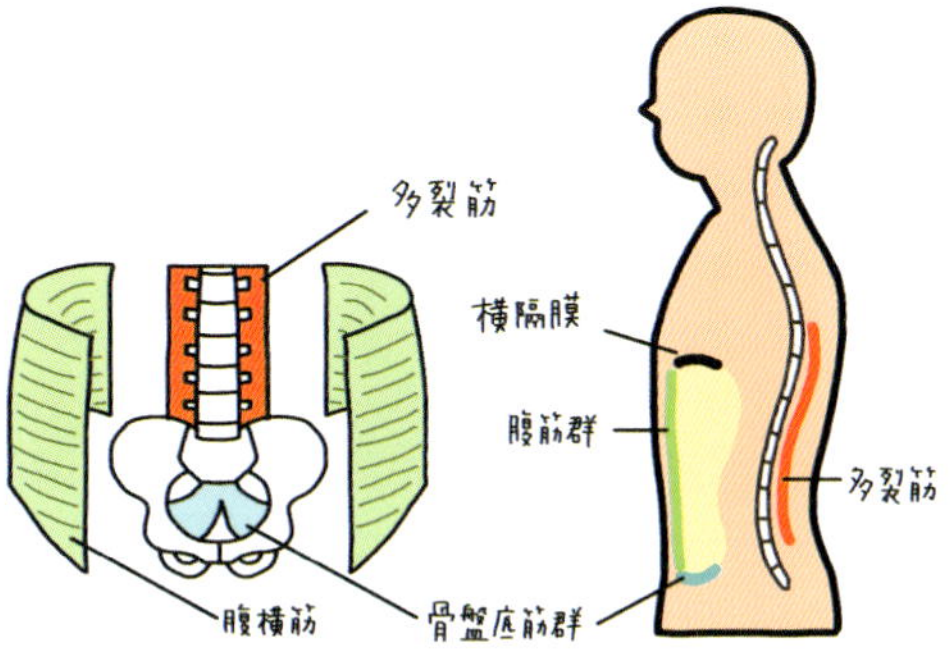
多裂筋
横隔膜
腹筋群
多裂筋
腹横筋
骨盤底筋群

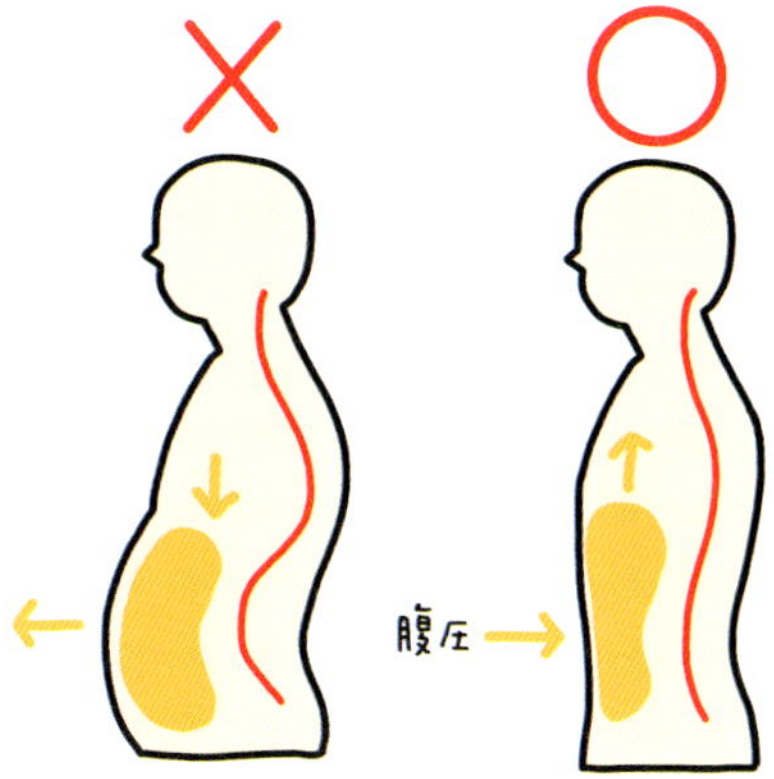
腹圧

正しい体幹を行うためのニュートラルポジション

体幹を行う時、基本姿勢であるニュートラル・ポジションをとることが非常に大事になってきます。

ニュートラルとは「中間的な位置＝中間位」のことであり、骨盤が前傾または後傾のどちらにも傾けられるポジションのことを指します。


骨盤の正常な位置とは、仰向けの際に、腰骨と恥骨のラインが床と平行になるポジション、立っている状態の時は腰骨と恥骨のラインが床と垂直になるポジションのことを指します。

中間位にすることでインナーマッスルが最も効率よく働くことができるため、高い安定性かつ安全に運動を行うことができるからです。

ニュートラルポジションを正しく保持し、姿勢をコントロールすることでスムーズな運動を行う事が出来ます。

また、腰椎を安定させることができ、そして腹横筋が収縮しやすくなるため、腹圧を高めることが容易になります。

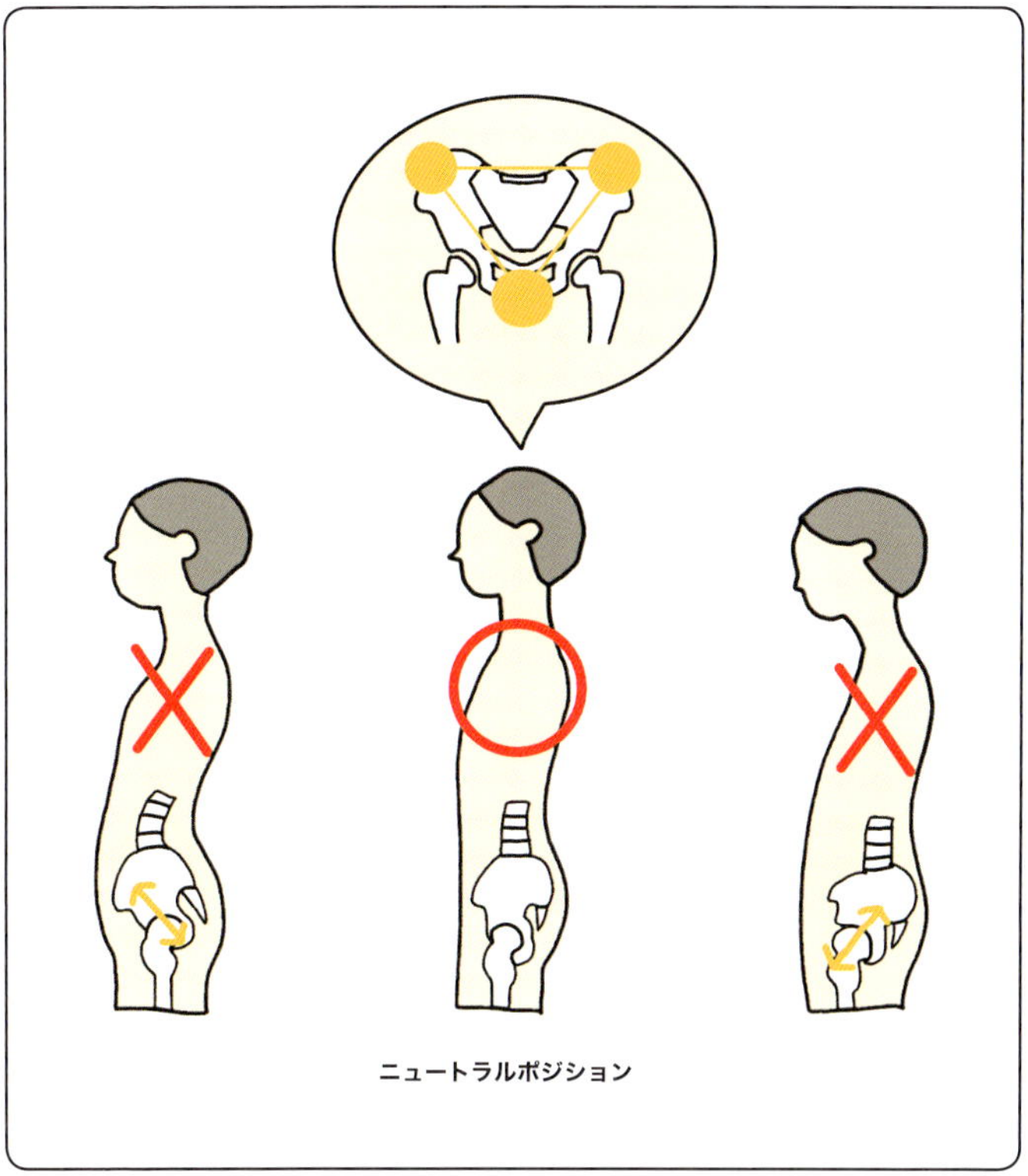
ニュートラルポジション

仰向けで骨盤のニュートラルポジションを確認してみよう

体幹ポジションチェック

体幹を行う際、一番重要なことは筋が正しく収縮できた状態（ドローイン）できているかどうかです。ドローインが正しくできていなければ、それは体幹もどきになり、効果はほとんど期待できません。次に紹介するドローインの基本姿勢をマスターし、形が崩れないことを確認してから体幹運動を行なうようにしましょう。

仰向けでのドローイン

1

2

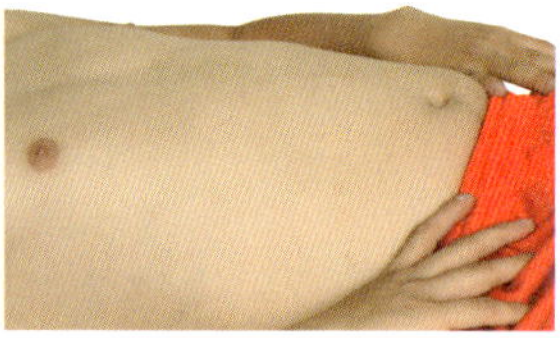

3

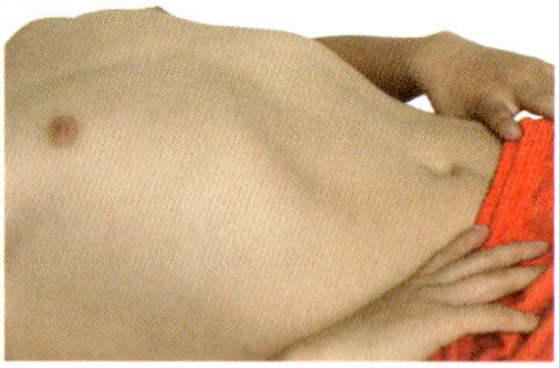

◆注意

× 腰が反った悪い例

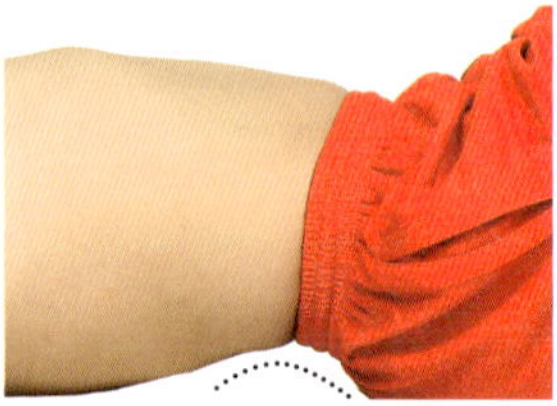

1 仰向けに寝て膝を立てます。

2 何度か腹式呼吸をしてお腹を動かします。息をゆっくり吐きながらお腹をへこませていきます。息を吐ききって、これ以上はお腹がへこまないというところまでいったら、その状態をキープしながら浅い呼吸を繰り返します。

3 10～30秒キープしたら元に戻します。

四つ這いでドローイン

1 四つ這いになります。
2 ひざを 90 度に立て、足幅を腰幅ほど開きます。
3 背中をまっすぐな状態に保ちながら（腰を反らないで）、息を吸います。
4 息を吐きながら、ろっ骨を閉めておへそを上方に挙げていくイメージして息をゆっくり吐きだします。
5 息を吸いながら力を抜きます。
6 背骨の姿勢を変えずに息を吐きだします。
7 息を吸いながら力を抜きます。

◆注意

× 背中がふくらんだ悪い例

× 腰が反った悪い例

基本となるのが「骨盤をニュートラルな位置に置く」ことで、左右の腰骨と恥骨を結んだ三角形が床や壁と平行になるときの骨盤のポジションは、前屈（前傾）と後屈（後傾）の中間地点です。

動作中も常に意識して、骨盤をニュートラルな位置にキープします。腰椎と床や壁のすきまは指1本入るか入らないかが理想的なポジションになります。

四つ這いになる時は背中に板を一枚置いているように意識しましょう。実際に板を置かなくても、その板と腰のスペースが広くなったり、背中が丸くならないように注意をして腹横筋の収縮（ドローイン）を行ってください。

このニュートラルポジションをキープしながら正しく腹横筋をきっちりドローインできるようにします。

これから、いろんな体勢に体を動かして体幹トレーニングをしますが、この体の位置を忘れずに行っていくことがとても大事になってきます。

立位、仰向け、四つ這い以外でも、ウォーキングをしながら腹横筋を意識しながらドローインをすることも必要です。ウォーキング中にドローインを同時に行うことで運動効果がさらに上がります。

息を止めずにおへそを肋骨の内側に押し上げるような意識でお腹を凹ますところがポイントになります。

目指すべきニュートラルポジション

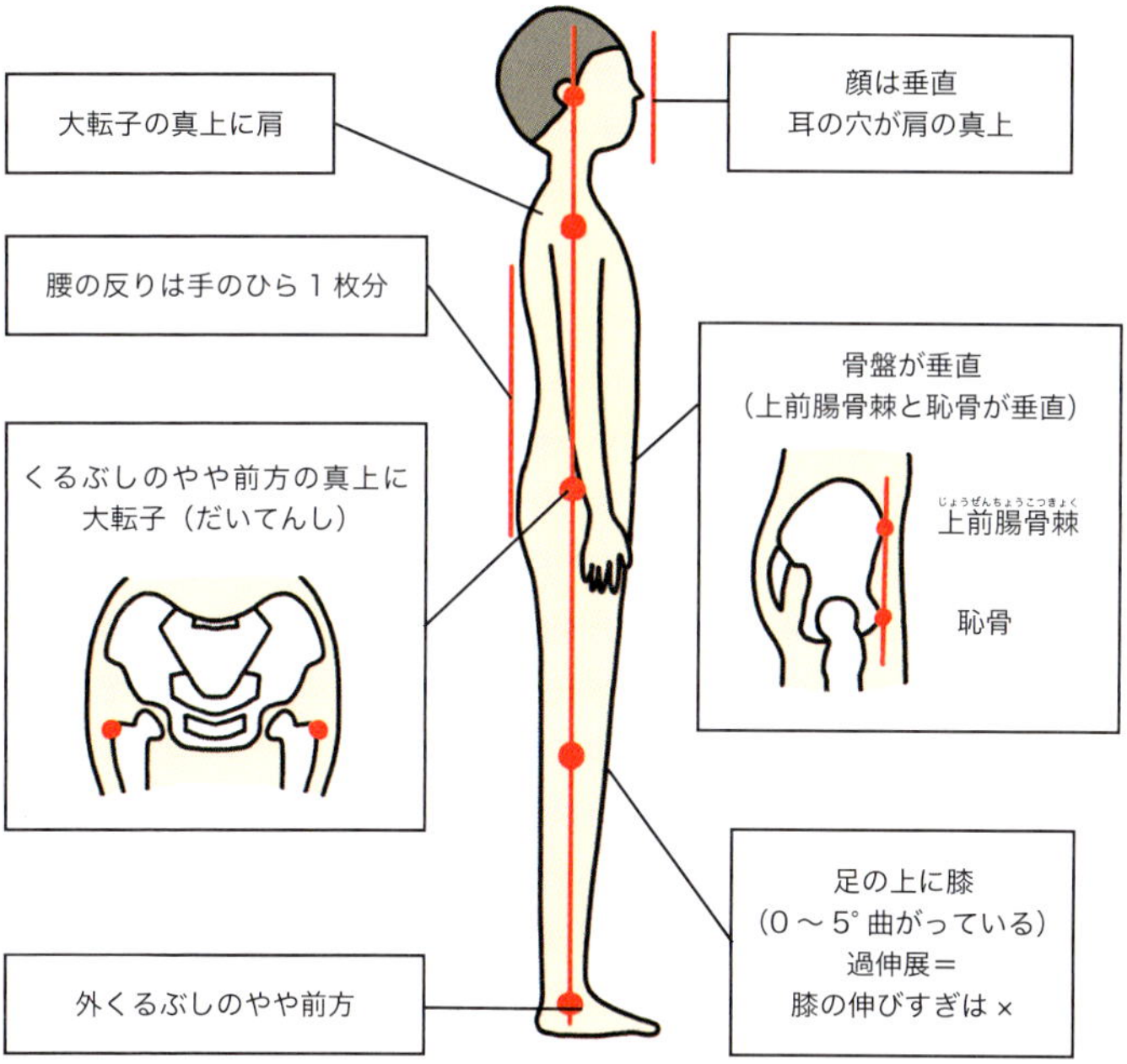

1 仰向け（10回）

仰向けになり、膝を90度に保ち、息を吐きながら5秒間お腹を下にへこませます。

2 四つん這い（10回）

息を吐きながら5秒間お腹を上にへこます。※背中が丸まったり、反ったりしないように注意する。

3 うつ伏せ（5回）

1 ポジションキープ（腹横筋収縮）
2 5秒で体幹を下げる
3 中間ポジションキープで5秒静止
4 5秒かけてゆっくり深部ポジションで5秒キープ
5 首を上げてから元のポジションへ

※腰が丸まったり反ったりしないように注意し、肩甲骨を寄せることを意識しながら上体を下す。上体を上げる時も同じように腰を反ってあげないように注意する。

4 仰向け（左右５回）

❶ポジションキープ（腹横筋収縮）
❷チューブを両脚に掛けてドローイン
❸右脚をゆっくりと 40 度開く
❹ポジションキープで５秒静止
❺ゆっくりと元の位置へ
❻反対側も同じように

※足が外側や内側を向かないように注意する。

5 仰向け（左右５回）

❶ポジションキープ（腹横筋収縮）
❷チューブを両脚に掛けてドローイン
❸右脚をゆっくりと 30 度あげる
❹ポジションキープで５秒静止
❺ゆっくりと元の位置へ
❻反対側も同じように

※足が外側や内側を向かないように注意する。

6 仰向け（５回）

❶ポジションキープ（腹横筋収縮）
❷両脚をそろえてポジションキープ
❸ドローインを行ってから両脚を 30 度上げて 20 秒キープ
❹ゆっくりと脚をもとの位置へ
※膝がまっすぐであり、お腹に力がキチンと入っていることを確認する。

7 **横向き（左右５回）**

❶ポジションキープ（腹横筋収縮）
❷左上の横向きになりサイドブリッジのポジションへ
❸腰をゆっくりと浮かし 10 秒キープ
❹ゆっくりと元の位置へ
※腰が折れておらず、体がまっすぐであり、体が捻じれていないかを確認する。

◆注意

× 体が前に入っている悪い例

× 体が後ろに入っている悪い例

8 うつ伏せ（5回）

1 ポジションキープ（腹横筋収縮）
2 ５秒で体幹を下げる
中間ポジションキープで５秒静止
3 ５秒かけてゆっくり深部ポジションで５秒キープ
首を上げてから元のポジションへ

1

2

3

1 仰向け（5回）

仰向けになり、膝を90度に保ち、息を吐きながら5秒間お腹を下にへこます。

2 四つん這い（左右各3回）

1 四つん這いのポジションキープ
2 右手と左脚を水平にする。
3 呼気を20秒かけて行い吸気も20秒かけて行う。
4 ゆっくりと脚と腕を下ろす
5 反対側も同じように

3 うつ伏せ（5回）

1 ポジションキープ（腹横筋収縮）
2 左脚を上げて片脚ポジションへ
3 5秒で体幹を下げる
4 中間ポジションキープで5秒静止
5 5秒かけてゆっくり深部ポジションで5秒キープ
6 首を上げてから中間ポジションで5秒キープ
7 元のポジションへ
8 反対側も同じように

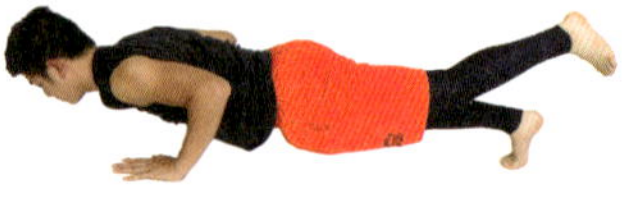

4 横向き（左右５回）

❶ポジションキープ（腹横筋収縮）
❷両脚にチューブをはめる
❸右下の横向きになり側面のみでバランスキープ（下の腕は上にあげる）
❹左脚を４０度開き１０秒キープ
❺５秒かけてゆっくり下ろす
❻反対側も同じように

5 仰向け（各２回）

❶ポジションキープ（腹横筋収縮）
❷チューブを脚に掛け、両脚を５秒かけ３０度上げる
❸片脚をその位置にキープしたまま反対側の脚を３０度開き１０秒キープ
❹ゆっくりと脚は上げたまま反対側も同じように
❺５秒かけてゆっくり下ろす

❶

❹ ❸ ❷

6 横向き（左右５回）

1 ポジションキープ（腹横筋収縮）
2 両脚にチューブをはめて右下のサイドブリッジ
3 左脚を 40 度開き 10 秒キープ
4 ゆっくりと元のポジションへ
5 反対側も同じように

7 仰向け（5回）

1 ポジションキープ（腹横筋収縮）
2 両脚をゆっくりと３０度上げる
3 その位置からゆっくりと右脚を４０度開きポジションキープ
4 ゆっくりと元の位置へ
5 反対側も同じように

3

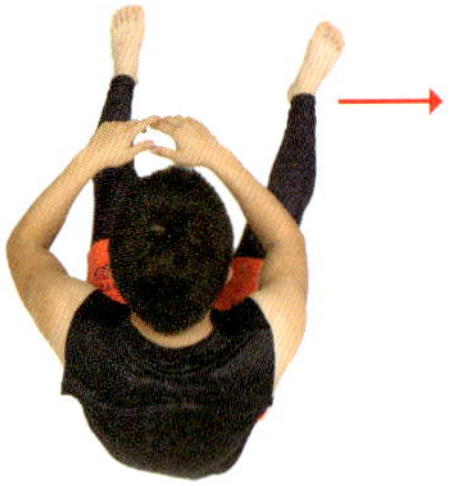

1

4

2

8 うつ伏せ（5回）

1. 左脚を３０度上げてポジションキープ（腹横筋収縮）
2. ５秒で体幹を下げる
3. 中間ポジションキープで５秒静止
4. ５秒かけてゆっくり深部ポジションで５秒キープ
5. 首を上げてから中間ポジションで５秒キープ
6. 元のポジションへ
7. 反対側も同じように

第3章

「痛気持ちいい」と思っているストレッチは危険だ

ストレッチング神話のウソ

人類の歴史は素晴らしい発見や発明によって進歩を重ねてきた輝かしい歴史だともいえますが、反面信じられないほど間違った考え方が大手を振ってまかり通ってきた歴史でもあります。

分かりやすい例が、天動説です。

地球が動いて、太陽のまわりをまわっているという、今では当たり前のことを、誰も信じないで、太陽が地球のまわりを回っていると信じていた時代がありました。

同様に運動関連でいえば、「水を飲むとばてる」や「うさぎ跳びは足腰を鍛える上では良い運動」などついこの間まで推奨されてきたことが近年では誰もが知っている、行ってはいけない一般常識となっています。

そんな間違った説の一つが、「ストレッチング」です。

「ストレッチが筋肉にいい」「ケガの予防になる」「準備体操にいい」などという考え方は、科学的な根拠が乏しいにも関わらず、一部の人たちから絶対に正しいと信じられています。

スポーツジムや部活でトレーナーや選手と組んで運動の前後に一生懸命筋肉を最大限伸ばしている光景は良く見かけます。

そういう人たちは、ストレッチをすると筋肉はリラックスでき、気持ちがいいものだと主張しています。果たして、筋肉が伸ばされることでリラックスして、気持ちが良いと本当に実感できた人はどれくらいいるでしょうか？

筋肉が伸ばされている間は気持ちが良いというより痛いと感じている人のほうが多いのではないでしょうか？

その痛い感覚が「気持ちが良い」と勘違いしてはいませんか？

実はストレッチのやり過ぎで体をかえって痛めたり、症状を悪化させることは非常に多いのです。

運動前のストレッチは危険

運動の前後に必ずストレッチングは必要不可欠だと言われ続けてきたため、ウォーミングアップをストレッチングだけで済ませてしまう人をよく見かけますが、これは実は無謀な準備運動なのです。

というのは、ウォーミングアップとストレッチングは本来全く別なものなのです。

ウォーミングアップはただ準備運動をするということではなく、体を温めておく必要があります。そして、体を温めるということは、主要な部分である筋肉を温めておく必要があるのです。

どんなスポーツをするにしても、体（筋肉）を準備できるようにしておかなければなりません。体を温めることによって筋肉は効率良く動き、体がスムーズに動くようになるのです。そして、筋肉が温まることで柔軟性が出てくるので、肉離れなど筋肉の損傷を防ぐことが出来ます。

脳からの指令を筋肉に伝える神経伝達が速まり、それに応じる筋肉の動きも滑らかに早く動くようになります。

そのため、筋肉を本格的に動かす前に温めておく必要があります。

ところが静的なストレッチングは、体を温めるのに適した柔軟体操ではありません。ほとんど静止した状態を保つ柔軟体操ですから、体が温まるはずはないのです。

そのような状態で試合や練習に挑んだところで良い結果に結びつくわけはありません。筋肉が力を発揮できない状態でスタンバイをしなければならないのです。

ストレッチングをすることで筋肉は伸ばされ、筋肉のパフォーマンスは一〇%から二〇%低下し、筋肉のベストな状態に戻るのには二〇分以上かかるという研究は数多く出ています。

一分一秒を争う競技や筋肉を酷使させる種目では運動前のストレッチングはパフォーマンスを低下させるだけではなく、ケガを引き起こす可能性もあるのです。

筋肉を伸ばす（ストレッチング）のは人間だけ

長時間デスクワークや勉強をしたあと、立ち上がって大きく背伸びをすると気持ちが良いです。だからストレッチは体に良いと思っていませんか？

長時間デスクワークや勉強をしている姿勢が背中を丸めている姿勢です。この背中の丸まった姿勢が背中の筋肉が伸ばされている状態であり、立ち上がって背伸びをしている行動は、伸ばされた背中の筋肉を縮めている動作なのです。

猫も昼寝をするときにものすごく背中を丸めて寝ています。だから起きるときに必ず大きく背伸びをして伸び切った筋肉を本能的に縮めていくのです。

「背伸び」というのでストレッチされているように思われますが、実は「背縮め」が正しい言葉なのかも知れません。

よくよく考えたら、動物は伸ばされた筋肉を縮めることがあっても伸ばすことはありません。

筋肉を伸ばす（ストレッチング）する生き物はこの地球では人間以外いないのかも知れません。

筋肉は伸ばすものではなく縮めるもの

筋肉の動きは非常に単純で、「力を発揮しながら縮まる動き」と「緩んでもとに戻る動き」だけです。

筋肉が縮むことを「収縮」といい、緩むことを「弛緩」、伸ばされることを「伸張」といいます。

筋肉は関節をまたいで両側が骨に付着しているので、筋肉が縮まると関節は曲がったり、伸びたりします。こうして筋肉の助けを借りて、関節が動くことで、人間の体のあらゆる動きが可能になるのです。

筋肉には縮まる動きと、緩んで伸びる動き、つまり二種類の動作しかありません。

しかし、自力で緩んで伸びることはないから考えようによっては一種類の動きしかありません。

筋肉は「縮む」ことしかできないのです。このことを理解することがとても重要なのです。

筋肉の構造

ここで、筋肉の構造を考えてみましょう。

「筋原繊維」が集まって「筋繊維」になり、筋繊維が集まると「筋束」になり、筋束が集まったものが「筋肉」になっています。

その筋肉を最小単位まで落としていった「筋原繊維」は「アクチン」と「ミオチン」という繊維で構成されています。

このアクチン繊維とミオチン繊維が交互にスライドすることにより筋肉は収縮をしていきます。

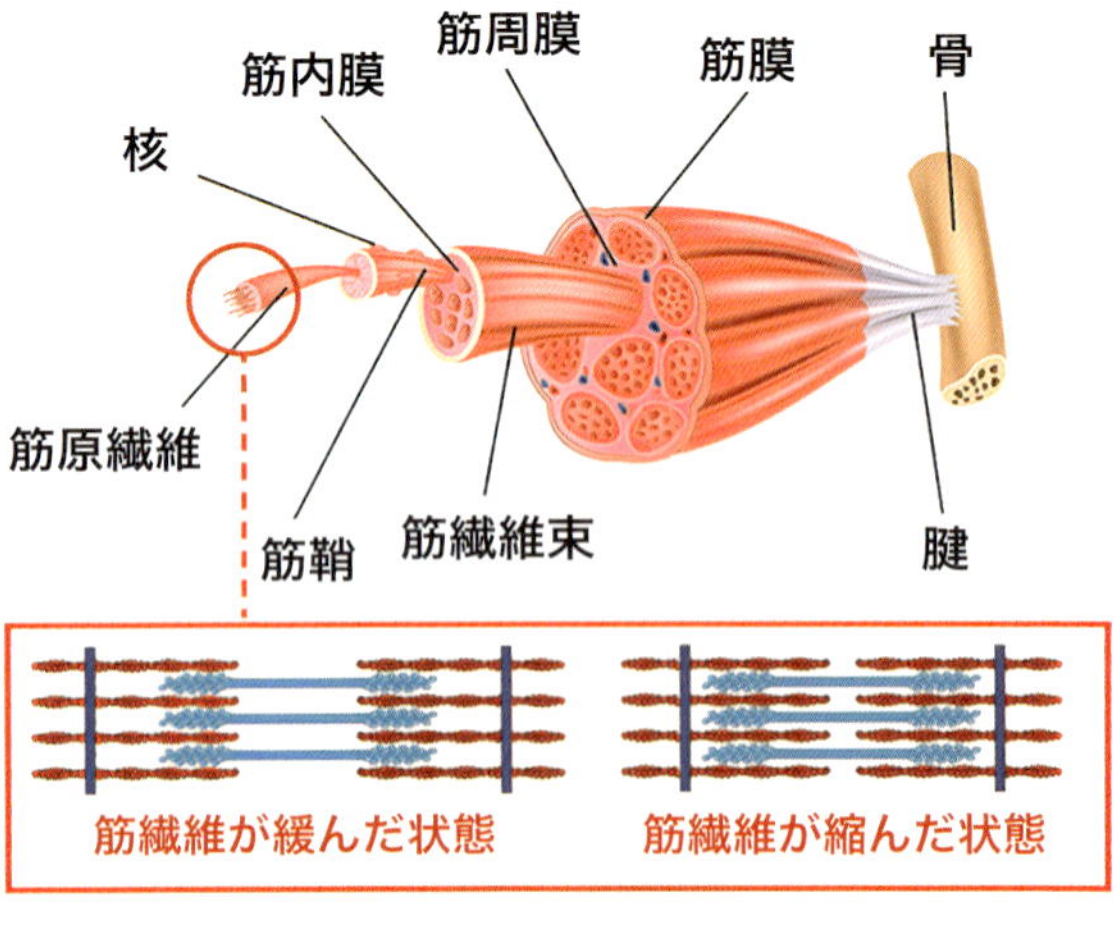

硬い筋肉は伸ばしすぎが原因

良く筋肉は「カチカチ」で硬いほうが良いと勘違いをしている人は今でもかなりいます。ふくらはぎの筋肉が硬かったり、肩の筋肉が硬かったりと、どちらかというと筋肉が硬く張っていることで悩まされている人のほうが多いはずです。

筋肉が硬くなっていることは、筋肉が「拘縮」を起こしている状態なのです。

筋肉は「アクチン繊維「と「ミオシン繊維」が連結（スライド）することでその間の距離が短くなっていきます。自動ドアが開く時のことを想像してもらうとわかりやすいかも知れません。

筋肉の「拘縮」とは、筋肉が無意識に収縮している状態のことを指します。

通常、筋肉は収縮をする際、ミオシン繊維の先端がアクチン繊維と連結します。この連結後、ミオシン繊維はエネルギを取り込むことでアクチン繊維を引っ張ってくる（スライド）ことでその距離を縮めていきます。この状態は筋肉が収縮していることなのです。

筋肉を緩めるためにはこの連結を解除する必要があります。

ただ、この連結を解除するにはあらたにエネルギー（ATP）を調達する必要があり、このエネルギは新鮮な血液によって運ばれてくるのです。筋肉を伸ばすことにより血管が伸ばされ、血液の循環に弊害を起こします。

筋肉が硬くなっている状態が長く続くと筋肉内部の圧が高まっていきます。

この内圧が高まると血管は狭められ血液の循環が更に悪化して滞っていくのです。

血液の循環が悪くなることで筋肉の連結を外すためのエネルギーが行きわたらなくなるため、筋肉の拘縮が解けずに硬くなっているのです。

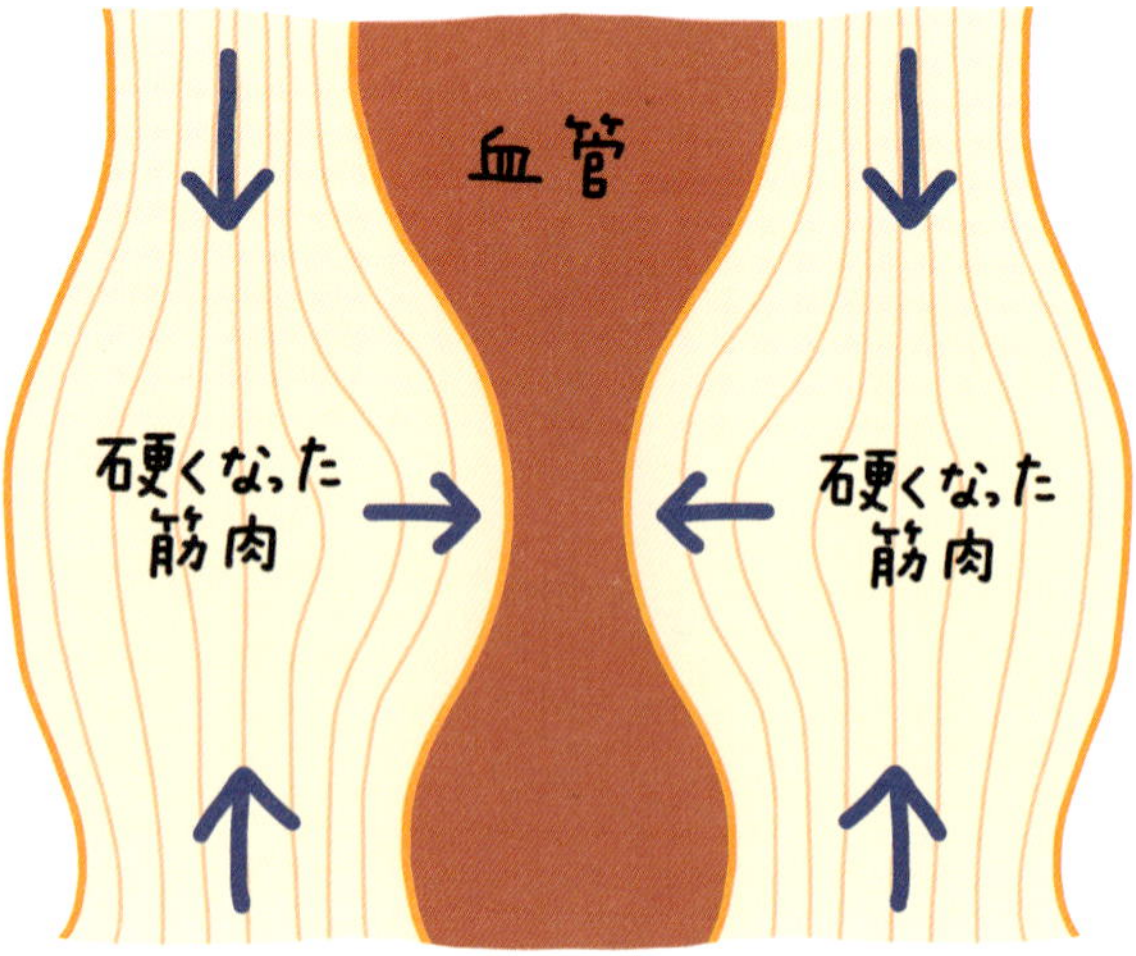

硬くなった筋肉は炎症が起こっている

筋肉の内圧が高まることで血管を狭めていく流れは、ご理解できたと思います。

筋肉の内圧が高まっていることは、筋肉が炎症を起こしている状態が慢性的に続いている状態で、押圧を加えると痛みを伴ってきます。

症状が悪化していくと軽く触っただけでも強い痛みを感じたり、軽い筋肉の運動をするだけでも筋肉がつったりすることがあります。

筋肉がつる原因は、拘縮を起こして筋肉がスライドできない状態をさらに縮ませようとしたときに、筋肉の連結がリリースできずに固まった状態をいいます。

筋肉を無理やり伸ばす（ストレッチ）ことで一時的にこの状態を緩和することができ来ますが、筋肉を軽く収縮させると、またすぐにつってしまうことを考えると根本的な解決にはなっていません。

筋肉のつりを治す方法は？

硬い筋肉は暖めるのではなく冷やす

筋肉が炎症を起こしているということは、筋肉が熱を持っているということです。

筋肉が硬くなっているから血流の循環不全が起こっていると思われるため、筋肉は温めたほうが良いと思いがちです。

確かに血流不全は起こっているので血流を上げなくてはならないのですが、このとき重要なのは、人間の平温である三六度前後の血液を循環させてあげることなのです。

気持ちがいいからと言って、熱いお風呂や温泉に長時間使っていると確かに体は温まります。

ただ、この場合平熱以上の血液の温度で体を温めていることになります。

四十二度のお風呂に二〇分浸かると体温は一・五から二度上がるといわれます。つまり、平熱が三六・五度の人の体温は三八～三八・五度まで上がることになります。これは立派な「熱」です。

お風呂で熱中症的な症状になったり、のぼせたりするのもこれが原因です。場合によっては死に至る場合もあるので、むやみに体は温めすぎないようにしなければなりません。

人間の体は「恒常性」といって絶えず同じ状態を維持しようとします。温まり過ぎた体の体温は下がろうとするし、冷えた場合は温めようとするのです。

筋肉が硬くなっている理由は内圧が高まった状態つまり炎症を起こしているのです。

筋肉を冷やすことで炎症は改善され、体がその部分の温度が低くなったことを感知することで、平温である三六度前後の血液を冷やし終えた後に循環させ恒常性を保とうとするのです。

アイシングの効果は、実はここに重要な効果があるのです。

「冷やす」ことと「冷える」ことはちがう

炎症を起こしている筋肉を温めず冷やすことが重要であることは伝えましたが、闇雲に何時間も冷やせばよいというものではありません。

冷やす効果は、冷やしていることよりも、冷やし終えて血液循環が回復することが重要なのです。

二〇分以上局所を冷やしてもそれほど効果は変わりません。

逆に体全体が冷え切ってしまい全体の血液循環が低下する恐れがあります。

二〇分以内を一つの目安にして、その後体温が回復するため一時間は空けるようにしてください。

冷やしている間ほかの体の部分が冷えないように温かくしておくことも重要です。


また、冷やす際は必ず氷を使用してください。

冷凍庫に保冷剤をいくつも入れている家庭は多いようですが、この保冷材は冷凍庫のマイナス一五度の温度を維持するために作られています。皮膚に長時間つけることで凍傷や低温やけどにつながる恐れがあるため絶対に靭帯には使用しないで下さい。


そして、冷湿布には患部を冷やす効果はありません。

表面の感覚は冷たく感じますが、それは「メントール」の成分によるものです。

実は、患部の奥はほとんど冷やされていません。


湿布は冷やすものと考えている方が多いようですが、これは間違いです。

湿布は「経皮吸収型鎮痛消炎貼付剤」であり、湿布は「皮膚から吸収される貼る痛み止め」なのです。

湿布は水分を含んでいるため、皮膚の表面温度は二～三度下がりますが内部は冷えません。ちなみに冷湿布と温湿布の効果はほとんど変わりません。冷たく感じるか、暖かく感じるかだけです。

夏場に四〇度のお風呂に、体が涼しくなる入浴剤を入れるとお風呂から出た瞬間、体がスースーして気持ちが良いです。

ただ、体は何度のお湯によって温められていますか？

体感温度は下がっていても、四〇度のお風呂で体が温められた状態は変わらないのです。

第4章

マッスル・ユニット・トレーニング

～筋肉は連結、協同して動く

筋肉は連結して動く

筋肉は、単独で動くことはなく、必ず協同して動き、連結して動きます。スポーツをする以外でも携帯を操作する、ご飯を食べるなどの日常的な動作でも、多くの筋肉の協同した動きがあってはじめて可能になります。

また、立位姿勢や座位姿勢など、一定の姿勢を保持するにも、多くの筋肉が協同して緊張状態を保つことで可能になります。

筋肉は協同、連結して働くことによって筋力を発揮することができるのです。

一つの筋肉が動く（収縮）とき、通常筋肉は筋肉の停止部（遠位部）から起始部（近位部）に向かって収縮します。

そして、その筋肉の起始部まで収縮すると、続いて近接する筋肉の停止部から起始部へと収縮します。

さらに正確に説明すると、停止部から収縮が始まり、収縮の動きがその筋肉のモーターポイント（筋肉の収縮の中心点）に達すると、近接する次の筋肉が収縮を開始します。
　そして、次の筋肉も停止部から起始部に欠けて収縮します。

　このようにして、筋肉は単独で収縮することはなく、必ず筋の連結動作をして収縮します。

「腕で何かを持ち上げる」という具体例で説明します。

　まずは、前腕の筋肉の停止部（手首）から起始部（肘）へと収縮が始まり、その動きが筋肉のモータポイントに達すると、近接する上腕の筋肉である上腕二頭筋に動きが伝わり、上腕二頭筋の停止から起始へと筋肉が収縮すると、次は近接する三角筋が収取を開始していきます。

　このように、肘関節を挟んで、前腕から上腕、肩にいたるまで連結した筋肉が遠位部から近位部へ順に収縮していきます。
　この順序は足の場合も同様です。

　部分的にマヒをしている場合を除き、通常筋肉は末端から中心部にかけて収縮していきます。

MUT（マッスル・ユニット・トレーニング）

筋肉はゆっくり収縮するために、筋周膜をゆっくり開いて準備します。

しかも、それは一つだけの筋肉ではなく、筋肉が収縮していく方向の先端のほうから少しずつゆっくりと連動して収縮していきます。

効率的に連動させて収縮することで、一単位で収縮するときの二倍、あるいは三倍の収縮力を発揮させることが出来ます。

この収縮を促すためには、脳からの指令を筋肉、腱、靭帯に完全に伝えるため、最低でも一秒の間隔を空けて、その方向への動作を一〇回繰り返す必要があります。

この手順を丁寧に踏むことにより、運動することに伴うリスクが大幅に減少するという考えの基に体系化したのが、マッスル・ユニット・トレーニング（MUT）です。

動きを事前伝達することによって、その動きに関係する筋肉、筋膜、腱、靭帯をスタンバイさせ、ケガや筋肉疲労などを防ぎ、より一層効果的な収縮ができるようにするトレーニング法です。

そして収縮した後に、さらにグーッと負荷をかけて縮めていくことによって、筋肉はそれまでよりも数段高い状態で収縮し、なおかつその筋肉をリラックスする形にもっていくことができます。

すなわち、収縮するまでの時間を早くし、即収縮させることもできるようになるということです。

MUTを行うことにより、筋肉が収縮するためのスタンバイを短時間にすることで、瞬発力、持続力、そして瞬間動作である反射力を高めることができる「最高のトレーニング法」です。

意識の180度転換が必要

運動部に所属していたり、ヨガ教室に通っていると、たとえ嫌でも運動前に強制的にストレッチを強要させられることもあります。

伸ばしたくないのに、まわりの雰囲気に押されてついつい筋肉を伸ばしてしまうのです。

そこで発想の転換で「筋肉をストレッチングしましょう」と言われたら、伸ばすことに集中するのではなく、反対側の筋肉を意識しながらゆっくり縮ませるようにしてください。

縮むという意識は脳に伝達され、発令されると脳は縮めなければならないほうの筋肉をゆっくり収縮させ、伸ばされるほうの筋肉は〝伸展ではなく、ゆっくりとリラックスすることができます。

こうすることでストレッチングの弊害を最小限に抑えることが出来ます。

実は患者さんでヨガのインストラクターをしている人はかなりいます。

皆、生徒さんには積極的に筋肉を一生懸命伸ばすように指導をしているにも関わらず、指導している本人が腰痛や肩こりで悩んでいるケースは結構多いです。

この筋肉を伸ばすのではなく、意識してゆっくり縮ませる方法を教えてあげると、患者さんは私の言おうとしていることが非常に簡単に理解でき、自分だけでなく、生徒さんのレッスンに取り入れていることも多いようです。

次からは、具体的な動きについてみていきましょう。

座位(1) 首肩側面収縮

動きやすい首を作るためのMUT

肩上から側頭部の筋を縮め、こりをポンプして流してしまう

首肩側面収縮は、腕の重みにて負けて伸びてしまう肩の筋肉から首の筋肉を、重みに負けないように力が入る準備を行う動作である。肩こり、首こりにも有効だが、急激に力むとケイレンを起こすので徐々に力を入れる。

血液やリンパ液に残った老廃物が、筋肉ポンプ作用でスムーズに排除され、筋の疲労がとれる。

【アドバイス】

小さな短い筋肉がたくさんついている首は、急な動作は危ない

・ゆっくりと徐々に行う。全体の縮む範囲の10分の1ずつ縮めていくとよい。

・肩先が前に出ていきやすいので肩先はやや後ろへ引き、後頭部を近づけていくのが大切。

【注意点】

◎首の筋肉は短くて本数があるため、収縮が早く、ケイレンしやすいので、力みすぎないようにすること。

◎くれぐれも急激に行わないようにすること。

1 あぐらをかいて座る（立ったままでも可）手は膝の上に軽くのせる。

2 片側の肩先をあげながら、やや後ろに引く。ゆっくり９回おこなう。10回目で筋肉を収縮した状態をキープして５カウント。

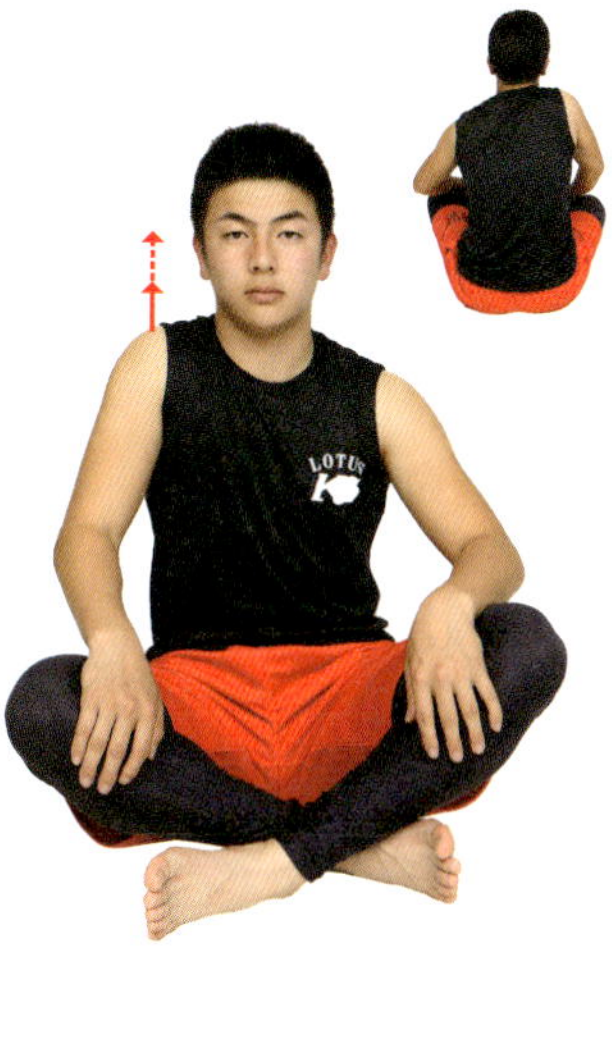

3 肩先と後頭部を近づける。ゆっくり９回おこなう。10回目で筋肉を収縮した状態をキープして５カウント。

立位(2) 脊柱回旋収縮

上体をコントロールするためのMUT

上体を回旋させる力を準備することで、あらゆる動作に対応する

走る、跳ぶ、投げる動作には必ず、体のねじる動作が軸となる。また、上体が思うようにひねることができないと、膝や足首にまでねじりの力が及んでしまうため、障害を起こしやすい。

肩関節の付け根が体の前後で収縮することで、腹筋から背筋までが連結収縮をしやすくなる。上体をひねるのと同時に腕もねじる力を加えることで、腹部、腰部、背部のひねりの準備ができ上がる。

【アドバイス】

回旋軸になる背骨がぶれないように

・上体を安定させるために、足は肩幅よりやや広くして立つ。骨盤に体が乗っている感じにする。立位の場合は、ねじった腕をできるだけ体に引き付け、体の前後に置く。

【注意点】

◎急に深くねじるとケイレンを起こす場合があるので、可動域を10分の一くらいずつに分け、徐々に深く全体をねじっていくこと。

◎体と腕と首を同時にねじること。

1 脚を肩幅に開いて立つ。手は自然に下へ垂らす。

2 肘を伸ばして両手を肩から内側へ回旋収縮する（25％）。ゆっくり９回おこなう。10 回目で筋肉を収縮した状態をキープして５カウント。

3 腕を前後内側に差し出して、同時に引いた腕の側へ体を回旋させる。腕を内側に回しながら、体を同時に回旋収縮する。背骨はまっすぐにゆっくり９回おこなう。10 回目で筋肉を収縮した状態をキープして５カウント。

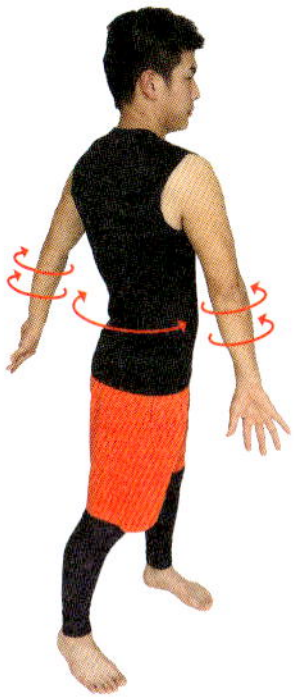

4 腕と背骨をまっすぐ立てたまま最大にひねる。（100％）ゆっくり９回おこなう。10 回目で筋肉を収縮した状態をキープして５カウント

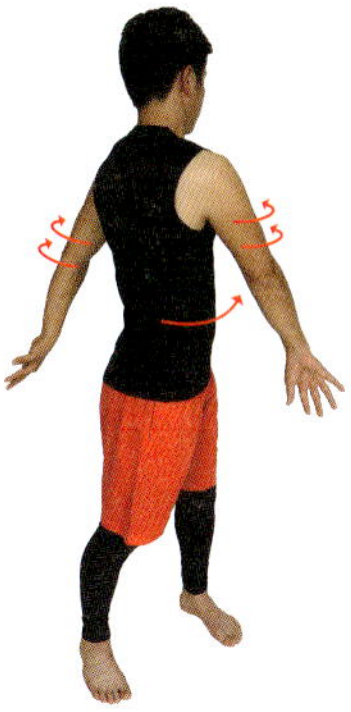

立位(3) 上肢後面脊柱回旋収縮

腕を振りやすくするためのMUT

肩甲骨を体の中心に引き寄せ、腕振り動作を安定させる

竹刀やラケット、バットやゴルフクラブなどを振る際、肩甲骨は腕の動作に伴い、体の前方へ引き出され、背筋が横に伸ばされて、肩が抜けていくような負荷がかかってくる。縦や横から体の動きとともに振り出される腕の動きに対応できるように、肩甲骨周囲の筋肉を中心へ向かって縮める準備をしておこう。これで腕のぶん回し動作も、怖がらずにできるようになる。

【アドバイス】

背部を一点に集める意識で行う

・指先から背骨までを十分近づけるように、意識しながら行う。

・つい、胸を張ることを意識しやすいが、胸を張ると体は外側へバラけていく。

・腕と肩甲骨を後ろに引き、背骨が体の中心に埋まっていくような感覚で行う。

【注意点】

◎指先から背骨までが、連結した収縮をするように。

◎腰を反らしすぎないよう上背部の収縮を意識する。

◎頭のてっぺんから、首が背筋の中へ埋まっていくような感覚で、首を伸展する。

1 脚を肩幅に開いて立つ。手は自然に下へ垂らす。

2 肘を軽く曲げ、腕を後ろに引く。

3 さらに肩から腕を後ろに引きながら、腕を背骨に寄せるようにゆっくり９回おこなう。
10回目で筋肉を収縮した状態をキープし５カウント。

4 もう一段腕を後ろに引き、腕を背骨に寄せるように肩甲骨を背骨に寄せていき、背骨を回旋すると同時に、体を回旋させる。ゆっくり９回おこなう。10回目で筋肉を収縮した状態をキープし５カウント。

立位(4) 上肢内側収縮

投球・投てきなどのためのMUT

肩関節の外旋に伴い、無理に伸ばされる筋肉を縮めておこう

物を手で遠くへ飛ばす動作は、胸を張って肩甲骨を寄せる動作のため、胸の前面の筋肉を引き伸ばし、働きを悪くするため、肩の障害の原因になる場合がある。

瞬発的に腕を後ろに引こうとする動作が繰り返される場合、引き伸ばし障害の予防に、あるいは修復に、この部分を十分、元のさやに戻すように縮ませておくことが大切だ。

【アドバイス】

両肩を十分に内側へ回旋収縮する

・ねじった両腕を体の前面でクロスさせ、肘を曲げ、手の甲が自分の両肩外面につくようにポーズをとる。手のひらは前面を向く。

・さらに、両腕のクロスを強くし、左右の肘を上下で擦り合わせるようにする。

【注意点】

◎胸筋が発達しているとクロスが浅くなるが、できる範囲で行う。背中を丸めても体を倒さないこと。

◎上半身が前方、肘のやや上の一点へ集中して縮んでくるようにすること。

1 脚を肩幅に開いて立つ。手は自然に下へ垂らす。

2 上半身を少し前に、腹の前で手を交差させる（右手、左手どちらが上でもよい）ゆっくり９回おこなう。10回目で筋肉を収縮した状態をキープして５カウント。

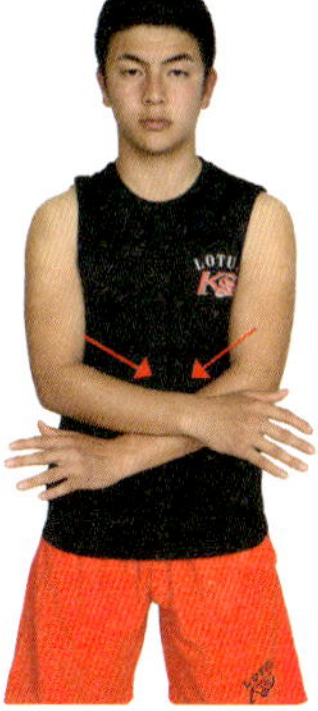

3 ②の状態からさらに、腕を外側に回しながら両肘が近づくように内転する、ゆっくり９回おこなう。10回目で筋肉を収縮した状態をキープして５カウント。

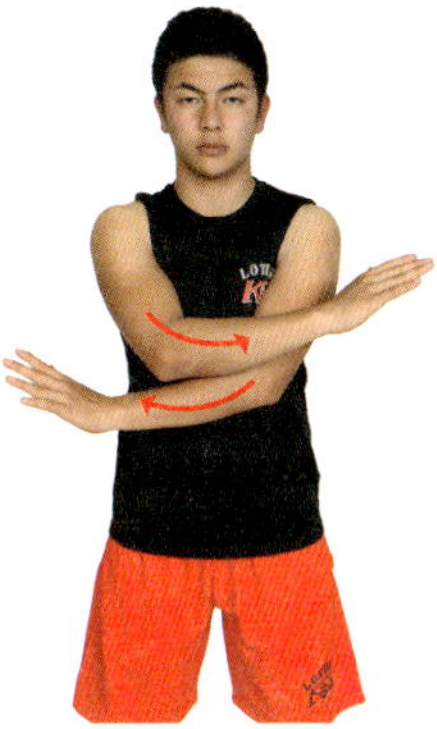

4 ③の状態からさらに、肩から胸を腕で縮めるようにして、手のひらを外に開く（手首の背屈、手指の伸展）ゆっくり９回おこなう。10回目で筋肉を収縮した状態をキープして５カウント。

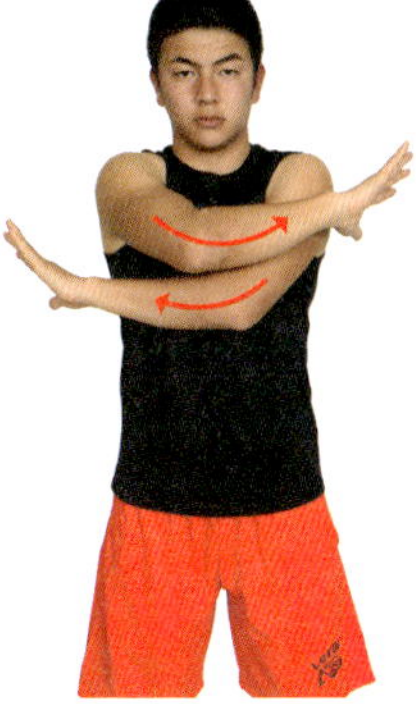

立位（5）上肢後面収縮

つかむ。持ち上げる、投げるためのMUT

上肢後面の筋肉を収縮させ、手首や指の運動を準備する

手首や指を使う場合、その関節が単独で使われることはまれである。スムーズな手先のパフォーマンスを実現するには、それより、体の中心部が連動して動く必要があり、実際に筋は連結して働く。

手首のＭＵＴは上腕までを働かせることで実現する。

【アドバイス】

小さな関節の動きに意識を集中

・指先からていねいに関節を屈曲してくることで、筋が連結して働く。

・肘や肩などの大きな関節はダイナミックに動くので、筋の収縮を意識しやすいが、指先や手首などの収縮が不完全になりやすいので、小さな関節の動きに意識を集中させる。

【注意点】

◎比較的単純な動作なので雑にやりがちだが、指の関節だけでも3つあることを考えると、一回の動作でも身体感覚を鋭敏にして行うようにすること。

1 脚を肩幅に開いて立つ。肘を曲げて指をキチッと開く

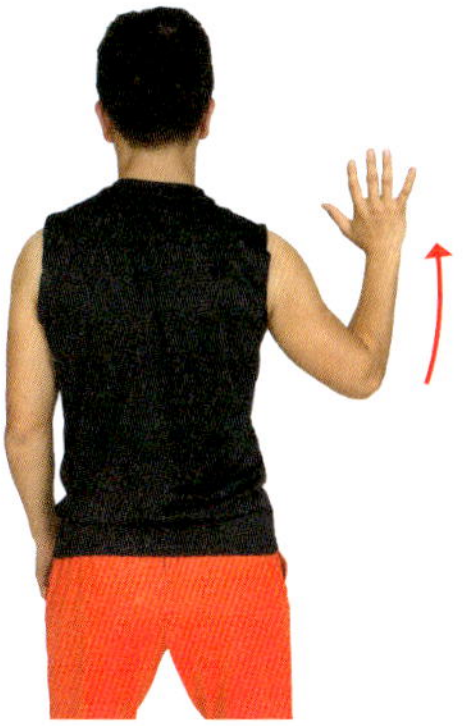

2 胸を張り、指を閉じ（指は伸ばす）、手のひら（手首はやや背屈）と前腕を回内させる。ゆっくり９回おこなう（体は反らさないように）10回目で筋肉を縮めた状態をキープして５カウント。

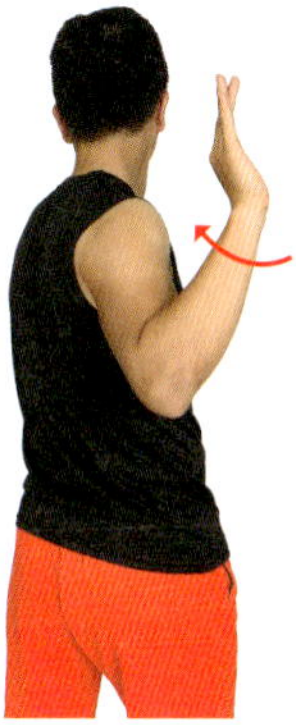

3 [2]の動作から背骨に肩甲骨を近づけながら体幹を回旋収縮する。ゆっくり９回おこなう（指先は肩につかないように、体は反らさないように）10回目で筋肉を収縮した状態をキープして５カウント。[2]の姿勢からさらに、手首起こしして肘を曲げながら前腕を回内する。ゆっくり９回おこなう（指先は肩につかないように、体は反らさないように）10回目で筋肉を収縮した状態をキープして５カウント。※同時に行う

立位（6）脊柱側屈収縮

腕をスムーズに使うためのMUT

肩関節の位置を決め、肘から手首の動きの安定

肩関節を下制させ、上肢後面と同側の背筋群を連結して縮めることで、投球やラケット動作、バックハンド等の動きをスムーズにする。

腕から体幹のスムーズなエネルギー伝達によってインパクトのある動作を行う。

【アドバイス】

脇の下から肩甲骨の後ろへ向かって縮める。

・両手を首の後ろで組み、肘を開く。
・肘を体の横に近づけるように、体の側面の筋肉を収縮させる。
・指は開いて伸ばし、手の甲を肘へ向かって起こしてくる。
・肘を開きながら、脇の下を体側に近づけることが大切。

【注意点】

◎まず、上肢のポジションを決め、体側を収縮することで連結動作を完成させること。
◎組んだ肘は両肩のラインと平行にし、前後にぶれないようにすること。

1 脚を肩幅に開いて立つ。首の後ろで指を組み、肘を開く

2 [1]の姿勢のまま、胸を張り、指は開いて伸ばし、手の甲を肘に向かって起こしてくる。組んだ肘は両肩のラインと平行にし、前後にぶれないようにし、そのまま肘を体の横につけるように曲げる。ゆっくり、９回おこなう。10回目で筋肉を収縮した状態をキープして５カウント。

3 [2]の姿勢で体の真横で、さらに深く曲げる。ゆっくり９回おこなう。10回目で筋肉を収縮した状態をキープして５カウント。

立位（7）片足前面収縮

下肢のコントロールに必要な足前面のMUT

下半身の運動に重要な筋肉の収縮準備

下肢前面の収縮は、下部腹筋を含め足の付け根から太もも前面にある筋肉と、股関節の奥にある大腰筋や腸骨筋（合せて腸腰筋）を縮める。

膝や股関節は走ったり、蹴ったりするときに主として働く筋肉だ。

膝や股関節の障害予防に重要なＭＵＴとなる。

【アドバイス】

自力で上がる所まで上げる

・自力で上に振り上げ、その位置を保つのは大変な動作であるが、上がる所で上げる。

・勢いをつけないようにし、かつ、つま先まで持ち上げる。

・同時に、両肩を内側へ回旋し、体の前面も収縮する。

【注意点】

◎上体の前面も収縮するようにすること。

◎強度プラスは上肢の内旋と内転も加えること。

1 肘を伸ばし、手の甲を前にして腕を少し前に出す。そのまま片脚の膝を伸ばしたまま少し前にあげる。

2 [1]の姿勢から、手首を内側に回すように前腕を回内する。同時に、（上げた片脚を）膝を伸ばしたまままさらに前に上げる。この時、足首も起こす。ゆっくり９回おこなう。10回目で筋肉を収縮した状態をキープして５カウント。

3 [2]の動作から上体を前に倒しながら、更に片脚を上げ、足首を起こす。肩から腕を内側に回すようにしながら、下に引く。
（腹筋を使うようにする）ゆっくり９回おこなう。10回目で筋肉を収縮した状態をキープして５カウント

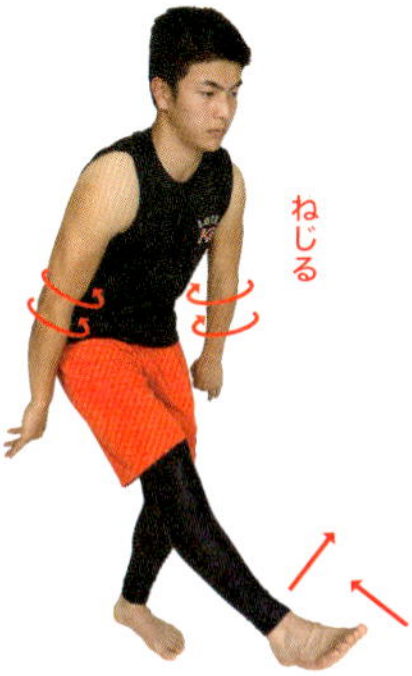

4 [3]の動作からさらに脚を上げる。膝を伸ばして足首を起こし、肩から手首まで、腕全体を内側に回すようにしながら、さらに下に引く。（腹筋を使うようにする）ゆっくり９回おこなう。10回目で筋肉を収縮した状態をキープして５カウント。

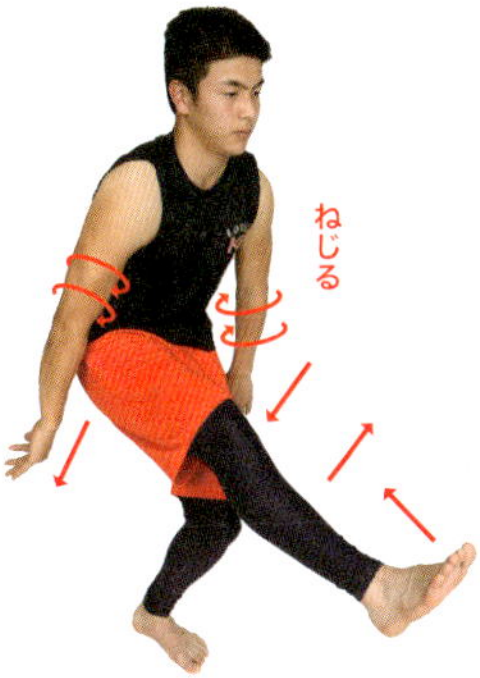

座位(8)股関節内転筋収縮

股関節を安定させるためのMUT

内転筋の収縮準備で股関節を安定させる

野球の守備や、ちょっとしたスリップで、体の安定を崩すと傷めやすい内ももの筋肉を、あらかじめ収縮準備しておくことで股関節を安定させ、ケガを予防する。

同時にあらゆる動作の下肢の安定になる。

【アドバイス】

内転筋は腹筋につながっている

・内転筋を収縮させるときには、下部腹筋も同時に縮める。

・十分足を上げ、交互にクロスさせる動作は、小さく小刻みに行う。

【注意点】

◎内転筋と腹筋の連結を十分意識して行うこと。

◎ノーマルでは腹筋下部、強度プラスでは同側の内腹斜筋と、反対側(上になっている側)の外腹斜筋の収縮を意識すること。

1 長座の姿勢から手を後ろにつく。

2 1の姿勢から両脚を揃え（内転筋を使う）膝を伸ばして足を少し上げ、足首を起こす（足首の背屈）腹筋も使う。ゆっくり９回行う。
10回目で筋肉を収縮した状態をキープして５カウント。

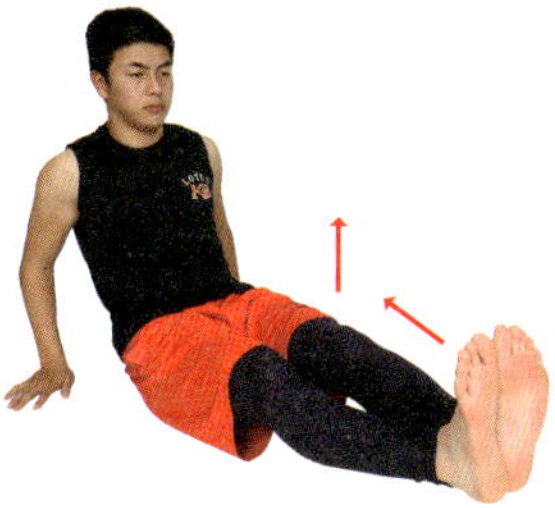

3 両脚を揃え、膝を伸ばして足を少し上げ、足首を起こした状態で、片方の足を交差させる。（交差する動作は、小さく小刻みに行う。ゆっくり９回おこなう。10回目で筋肉を収縮した状態をキープして５カウント。

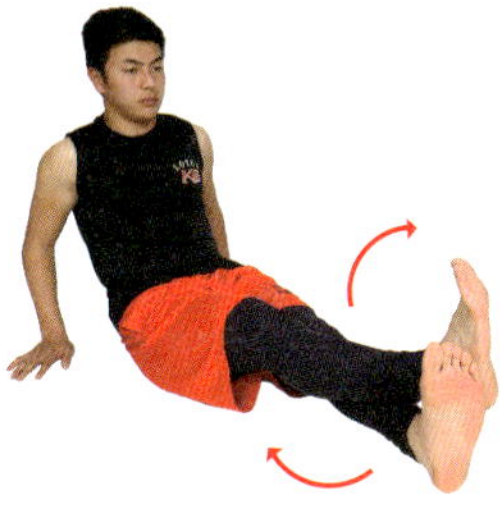

4 両脚を揃え、膝を伸ばして足を少し上げ、足首を起こした状態で、反対の足を交差させる。（交差する動作は、小さく小刻みに行う。ゆっくり９回おこなう。10回目で筋肉を収縮した状態をキープして５カウント。

側臥位（9）体幹・下肢外転収縮

体の側面の動きのパフォーマンスアップするMUT

体の側面を収縮する

サイドステップの動きのゴー&ストップ時に、体がブレたり流れたりすると、必要以上に足首に負担がかかる。体の側面での動きのパフォーマンスアップ、捻挫等の予防も兼ねる。

【アドバイス】

必ず筋肉を収縮させる

・両手を頭の後ろで組んで肘と上半身と、上側の足を近づける。

・ただ上げているだけではダメ、筋肉を収縮させる。

【注意点】

◎体をまっすぐにして、頭、背中、お尻、下肢が一直線になるように横向きになること

◎体が前後のくの字にならないように注意すること。

1 頭の後ろで手を組む。
上から見て、体はまっすぐ横になるように

2 1の姿勢のまま、上半身を起こす。（上体の側屈動作）
ゆっくり９回おこなう。10回目で筋肉を収縮した状態を
キープして５カウント。

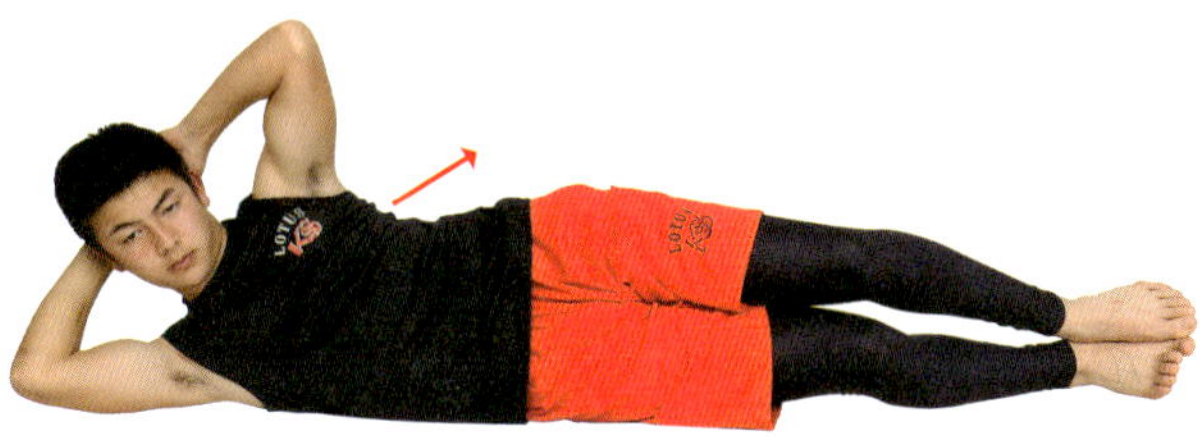

3 上半身を起こすと同時に脚を上げ、つま先を起こす。
（足関節背屈と下肢の外旋屈曲の動作）ゆっくり９回おこなう。
10回目で筋肉を収縮した状態をキープして５カウント。

腹臥位（10）殿筋収縮

下肢後面から殿筋周辺を鍛えるMUT

スポーツパフォーマンスを高めるために

野球、その他のスポーツでも、殿筋が大きく発達している選手は、スポーツパフォーマンスが高い。

殿部から下肢後面の筋肉を収縮することで、殿筋もその周辺の筋肉も、同時に鍛えることができる。

【アドバイス】

無理して膝を上げない

・殿部だけでなく、脚の裏まで意識をして収縮させなければならない。

・膝を上げ過ぎてしまうと筋肉がつってしまうので、気をつける。

【注意点】

◎体の真後ろに脚を振り上げること（開いてはダメ）。

◎脚を振り上げたとき、つま先が頭につくような方向に収縮させること。

1 腰に手を置く。

2 膝を伸ばして脚を真後ろに上げる。45度くらいの角度まで両脚が開かないように　ゆっくり９回おこなう。10回目で筋肉を収縮した状態をキープして５カウント。

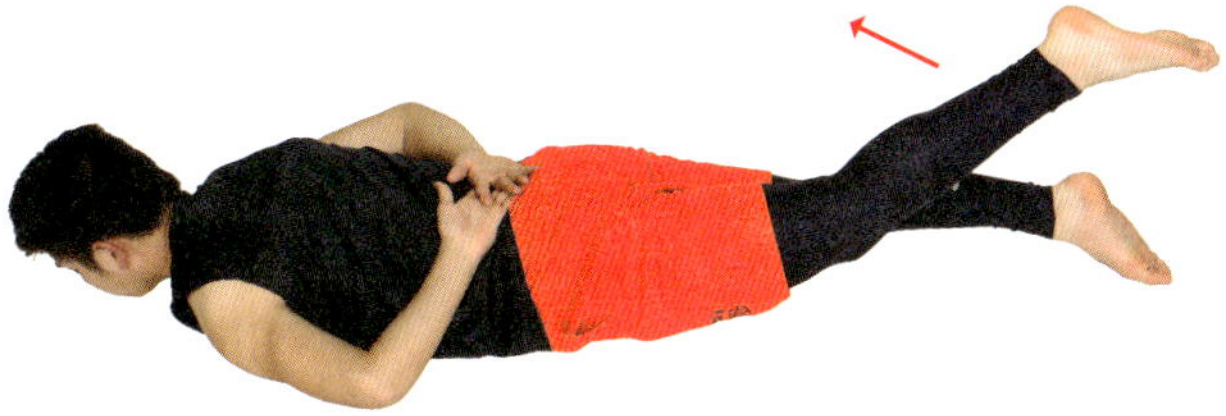

3 膝を曲げ、膝を真後ろに上げながら、つま先を頭のほうへ近づける。ゆっくり９回おこなう。10回目で筋肉を収縮した状態をキープして５カウント。

座位（11）股関節内旋筋収縮

方向転換や蹴りを安定させるMUT

大腿外側や股関節インナーマッスル、内股のねじりの安定

股関節を内側へねじり、内転筋の内旋収縮と、大腿筋膜張筋という腰骨の下についている筋肉の収縮準備は、急激な方向転換や蹴る際のフォロースルーで外へ伸ばされやすい関節を、内側へ安定させる。

【アドバイス】

足底が体の外を向くように

・まず、腕にもたれて体を支えた位置でポーズをとる（脚を外へ膝90度屈曲で投げ出す）。

・腕を体の後ろへ引き、同側のワキ腹を縮めて脚に近づけると同時に、床から内くるぶしを浮かせる。

【注意点】

◎この動作は各筋がスムーズに縮まないと難しいので、体を起こす角度や足の角度などを自分なりに調節し、やりやすい格好で。

◎内くるぶしを床から浮かすようにすること。

1 膝を 90 度曲げ、手は両脚の間と反対の脚の後ろに置く。
腕にもたれて体を支えた位置でポーズをとる

2 ①の姿勢から、腕を体の中心へ引き、同側のワキ腹を縮めて脚に近づけると同時に、大腿を内旋し、足先を床から上げる。やりやすいように調整する。ゆっくり９回おこなう。10 回目で筋肉を収縮した状態をキープし５カウント。

立位（12）大腿内転収縮

股関節を内転して収縮させるためのMUT

スピードを効率よく出すために、脚内側を収縮する

ダッシュなどで前方へ走り出すとき、脚がまっすぐ前に出ること、効率よくスピードがだせるものだ。

膝を曲げて太ももを内側に収縮させることにより、脚をより前方に振り出せるようになる。

【アドバイス】

脚の安定性が増す

・立って、膝を曲げて内転させると同時に、反対側の安定性も鍛えることができる。

・膝を内側にするとき、上体がぶれないようにすることが大切。

【注意点】

◎ふらつかないようにすること。

◎強度プラスでない場合は、脚を膝にのせてもよい。

1 立ったまま膝を曲げ、足首を反対の膝にのせる。ふらつかないようにすること。

2 ①の姿勢から、膝を内側に倒す。9回おこなう。10回目で筋肉を収縮した状態をキープして5カウント。強度プラスでない場合、立っている脚の膝にのせた足首を軸に内転するとやりやすい。

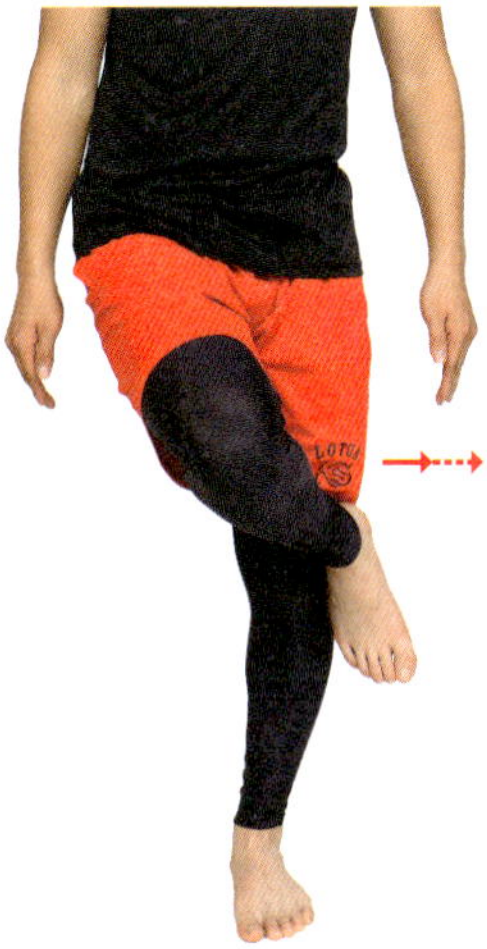

立位（13）四股

股関節を支える筋群のMUT

膝を曲げ、お尻を床側へ下げると同時につま先を起こす

従来の四股の形をとるが、腰を沈めていくと同時につま先立ちになり、アキレス腱を縮める。

また、同時に上体を起こすことで、仙骨を中心とした骨盤後部のインナーマッスル、股関節の外旋筋群と、脊柱起立筋の下部繊維を体の中心に収縮させる。

これは大腰筋と腸骨筋のMUTにもなる。

【アドバイス】

脚の付け根が十分縮むように

・体を沈め、腰を落とすと同時に、ふくらはぎに力を入れ、膨らませる。

・できるだけ足を開き、脚の付け根が外側で十分縮むようにする。

【注意点】

◎床は指先で十分グリップすること。

◎背すじは起こす方向へ力を入れること。

1 肩幅より広く脚を開き、お尻を持つように手を回す。つま先は外に開いてよい。

2 ①の姿勢から、膝はつま先より前に出さないように注意して、90度曲げる。腰を真下に落とす。上体は前傾しても良い。踵は浮かないようにする。ゆっくり９回おこなう。10回目は筋肉を収縮した状態をキープして５カウント。

3 ②の動作からつま先立ちになる。同時に上体を起こすようにする。９回おこなう。
10回目は筋肉を収縮した状態をキープして５カウント。

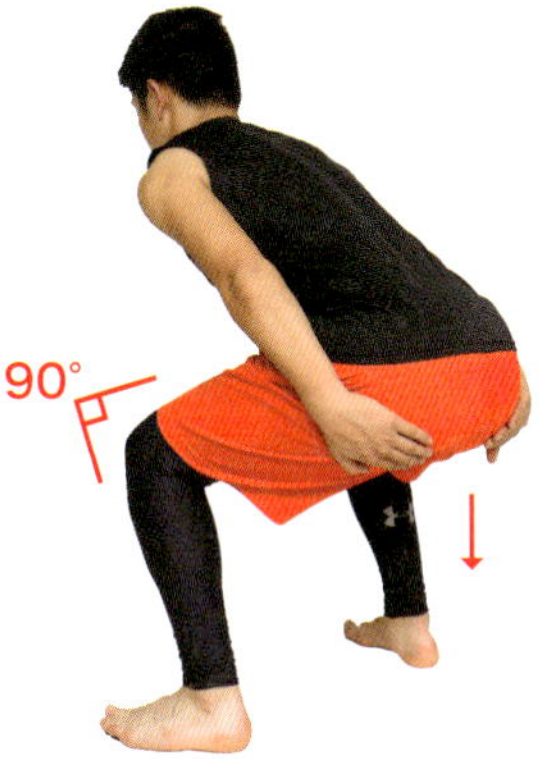

立位（14）アキレス腱収縮

ジャンプやダッシュのためのMUT

できるだけそのままの姿勢で、足首を使い10回ジャンプする

人は立っているときも、椅子に腰かけているときも、足首は背屈といってアキレス腱を伸ばす位置で使われ続け、伸びている。

そのために、急に使うと、つってしまう。運動の準備段階ではアキレス腱がスピーディーに縮むようにしておかなければならない。

【アドバイス】

膝の関節を十分曲げて準備する

・かかとを浮かして指先で地面をつかむようにし、膝を軽く曲げる。

・アキレス腱から続くふくらはぎの腓腹筋という筋肉は二関節筋で、膝関節も越えている。アキレス腱を十分縮めるには、膝の関節も曲げる必要がある。

【注意点】

◎中腰でつま先立ちのこの姿勢が不安定な人は、手を膝に置いてもよい。

◎ジャンプ時によりアキレス腱の収縮を保つため、膝は伸展しないようにすること。

1 肩幅に脚を開き、体の後ろで手を組み、上体を前に倒し、膝を軽く曲げる。

2 1の姿勢から、かかとを上げて、ジャンプの準備をする。ゆっくり9回おこなう。10回目で筋肉が収縮した状態をキープして5カウント。

3 1の姿勢から、膝を曲げたまま、両脚で真上にジャンプする。着地は脚の裏全体で着地する。9回おこなう。10回目で筋肉を収縮した状態をキープして5カウント。跳んでいるので、筋肉の収縮した状態を意識することが大切。

4 脚の裏全体で着地する。

第5章

キネシオテーピングで最強のMUT《マッスル・ユニット・トレーニング》をつくる

キネシオテーピング療法

一般にテーピングと言う場合、現在では、ほとんどのケースがキネシオテーピングを指します。

キネシオテーピングは、人体の機能に応じて開発されたテーピング法です。

その成り立ちは、体の仕組みを根本からとらえた方法になっています。


人体では、もともと流れるべき血液やリンパ液が滞らずに流れることで体全体に栄養や酸素が運搬されています。


リンパ液の役割は、「筋肉や関節が動くときの潤滑液になる」、「組織の汚れを洗い流す」、「熱を取り除く役割がある」であり、免疫機能にも深く関係しています。

けがをしたり、痛みがある場合は、これらの仕組みが何らかの影響で障害を受け、治りにくくなります。これらの流れが悪くなると、風邪が長引いたり、痛みが慢性化したり、一度かかった病気が治りにくくなったりします。**一番に疲労が慢性化してきたとき、ストレスが過剰に感じてきたときが多**

いようです。

また、疲労やストレスも含め毎日同じ姿勢の作業を続けている場合、筋肉の萎縮や発達が偏ってきた場合なども、体の中にゆとりや隙間がなくなってしまい流れが悪くなってしまいます。

皮膚にキネシオテーピングをすると、このゆとりや隙間が作られ、流れを作ることが出来るのです。すると、疲労や緊張が解消され、動きや筋力を正常化し快適な体を作ることが出来るのです。結果、痛みや病気が治りやすくなるのです。

テーピングと言えば、押さえたり固定したりというイメージがあります。

伸縮性のテープを使っている人も、サポーターのようにグルグル巻いたり、関節を締め付けるように使っている人は少なくはありません。

キネシオテーピングの四つの効果

多くのスポーツ選手をはじめ、広く一般にも活用されているキネシオテーピングですが、大きく分類して、次の四つの効果があるとされています。

【キネシオテーピングの効果】

①鎮痛効果
②血液・リンパ液の循環を良くする
③筋肉の機能を正しく戻す
④関節のズレを戻す

①のは患部の「鎮痛効果」です。
痛みや違和感のある部位（患部）にテープを貼ることで神経学的にそれらを解消する効果です。
痛みの種類によっては②の効果で解消することもあります。

②は「血液・リンパ液の循環を良くする」ことです。
テープを貼ることで、局所に溜っている組織液や内出血等の滞りを改善し、流れをスムーズにしてくれます。この場合、テーピングした部位の筋肉を動かすことによって効果は、一段と早まります。

③は「筋肉の機能を正しく戻す」ことです。
これは、異常な緊張により硬くなった筋肉を元の正常な状態に戻したり、弱っている筋力を元に戻す効果で、筋肉疲労や痙攣等にも有効です。

そして④は「関節のズレを正す」ことです。
筋肉の異常や障害によって、関節を構成している骨を引っ張ってしまうことで起こる関節のズレを、筋膜や筋肉の働きを元に戻して改善します。つまり、骨の矯正につながる効果です。

これらキネシオテーピング法の特徴的な効果により、体の各部位に起こった痛みや障害が自らの治癒力とともに改善されていきます。

そしてなおかつ、ケガや病気の予防、リハビリのサポートとしても活用できるのです。

キネシオテーピングが皮膚にも大きな影響を与える

今までキネシオテーピングは、筋肉や筋膜に対しての効果が紹介されてきましたが、ここ数年テープが直接貼られている皮膚に対する影響が研究され、皮膚三層に影響する貼り方（ＥＤＦテーピング）が考案されました。

まずは、構造や働き、発生学的なことから皮膚についてご説明いたします。

皮膚は体全体を包みこみ、外部の気温変化による体温の調節、あるいは、ストレス、外部からの刺激などを調節して保護しています。

皮膚の厚さや感受性は人格や精神面にも反映される可能性があるのです。

ただし、一言で皮膚といっても、表面から「表皮」「真皮」「皮下組織（浅筋膜）」というように三層に分かれています。

これらは発生学的に見ても異なるもので、それぞれ違った役割を持っています。

発生学的に見て、表皮は毛や神経や脳と同じ仲間で、外胚葉から分化してできたものです。

同時に、常にマイナス10㎜ｖの電流を帯びています。

これは、皮膚の感じ取った情報が脳に送られ、創造することで抽象概念が言葉にかわり、痛みや恐怖が倍増したり和らいだりするのをコントロールするためです。脳と同じ受信発信の機能が備わっていると言われています。

脳からの指令はもちろん、表皮からの指令に反応して皮膚の筋肉を動かしたり、発汗作用の調節、血液リンパ液の流れを調節して体調を整えています。

特に表皮が持つ敏感な機能は、外部からだけでなく、内部からの影響も察知します。つまり影響された状態をあらゆる症状として表すのも表皮からと言えます。

精神面を言っても同様に反映されているのです。

表皮はすなわち脳だといっても過言ではありません。

真皮は、表皮の基底層の下に位置し、表皮よりも厚く２㎜あります。そのほとんどがタンパク質繊維と基質で満たされて、ほとんどがコラーゲンと呼ばれる繊維で占

使用前の状態（問題がある状態）　　使用中の状態（問題が改善された状態）

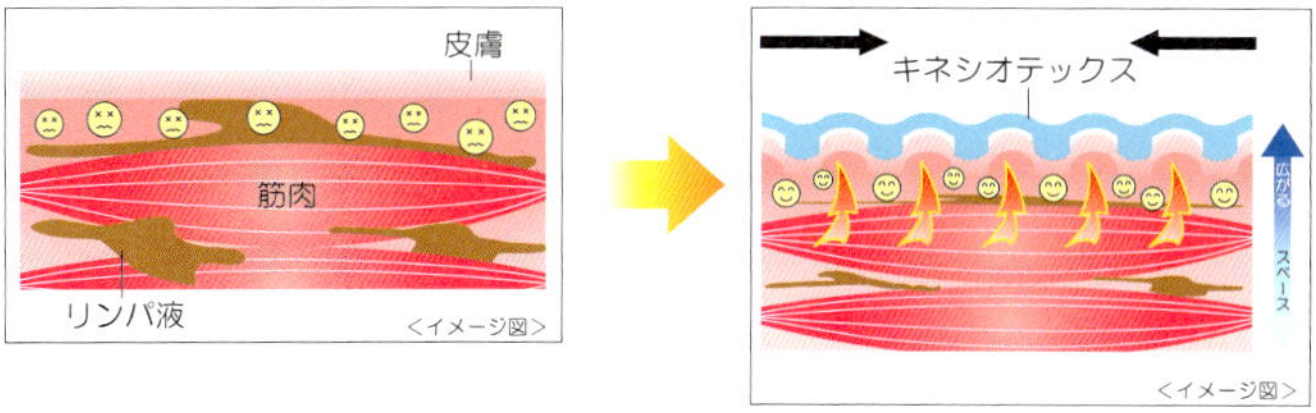

められています。
コラーゲンは皮膚の強さ（ハリ）を支える成分です。また、真皮には水を貯える機能があります。

真皮内には毛細血管が通っていて、栄養と酸素が供給されます。このほかに神経組織も真皮内にも通っていますが、この神経の一部は表皮にも通っています。そして表皮と真皮を貫くようにして毛穴があり、同時に汗腺や皮脂腺もあります。内出血や打撲や打ち身であざができたりするのがこの部分です。

真皮の下にある皮下組織は脂肪が蓄えられており、皮下脂肪と言われています。

皮下脂肪はエネルギを蓄えるための貯蔵庫的な役割を果たし、外部からの衝撃を吸収するクッションの役割を持ち、熱を伝えにくい脂肪の特性によって、体温の調整にも一役買っています。

皮下組織の厚さは、組織のほとんどを占める脂肪の量に左右されます。構造学的にそして、発生学的に皮膚はとても重要な組織であり、働きをしています。キネシオテープを皮膚に貼ることで、表皮・真皮・皮下組織（浅筋膜）の間の隙間を作ってくれるようになります。

隙間ができると、組織・リンパ液の流れが改善され、熱が取り除かれ正常な温度に戻り、キネシオテーピングの目的の1つである、自然治癒力を高めることができるようになり、４つの効果にも繋がるわけです。

そして、今までの筋肉、筋膜という機能的障害だけでなく、器質的障害、脳からの疾患や痛み、浮腫、腫れなどに対する効果も期待できるようになるのです。

インナーマッスルに効果的なキネシオテーピング

皮下組織の下には、体を動かすための筋肉があります。

この筋肉は「浅層筋（表層筋）」、「中層筋」、「深層筋」という三つの層で成り立っています。

「浅層筋」は体の表面に近いところにある筋肉です。

体の表面に見える筋肉で持久力より瞬発力があり、細かい作業が不得意ながら大きな力を発揮します。

皮膚に近いため、浅層筋を鍛えると上部の皮膚までの隙間が少なくなりリンパの流れも悪くなり、疲れが取れにくかったり、鍛えても力が入りにくかったりと機能の低下が起こる可能性があります。

「中層筋」は体の中心に近い筋肉で、活発な動きよりは最低限の日常生活を営むために動く筋肉です。浅層筋や深層筋と共同して働くこともあり、筋肉間のリンパの流れに関与します。

「深層筋」はインナーマッスルと呼ばれる関節の近くにある筋肉のことです。

関節と関節をつないでいる靭帯を保護する役割があり、骨がズレないようにする役割があります。

　背骨や姿勢の維持にも使われる筋肉で、持久力はありますが、瞬発力に欠ける筋肉です。

　鍛え過ぎたり、伸ばしすぎると骨に近い位置にある筋肉のため、骨を引っ張ってしまいズレを起こさせたりしてしましま す。

　キネシオテーピングでこの深層筋に対して効果的にテーピングを行うことで、より体幹力を高めて体の安定力をサポートしていくことが可能になります。

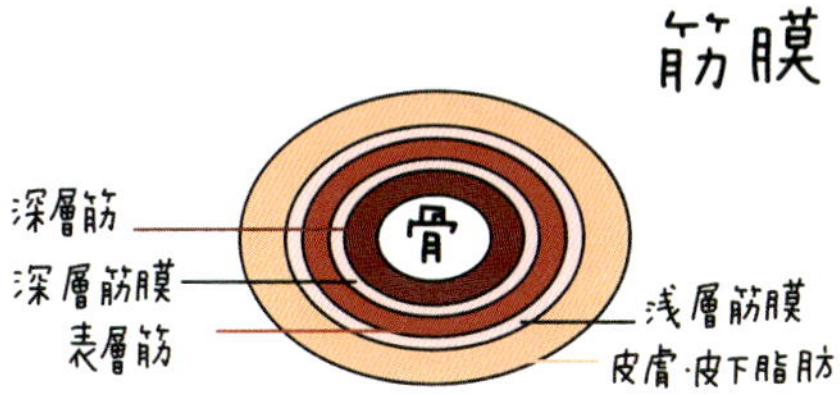

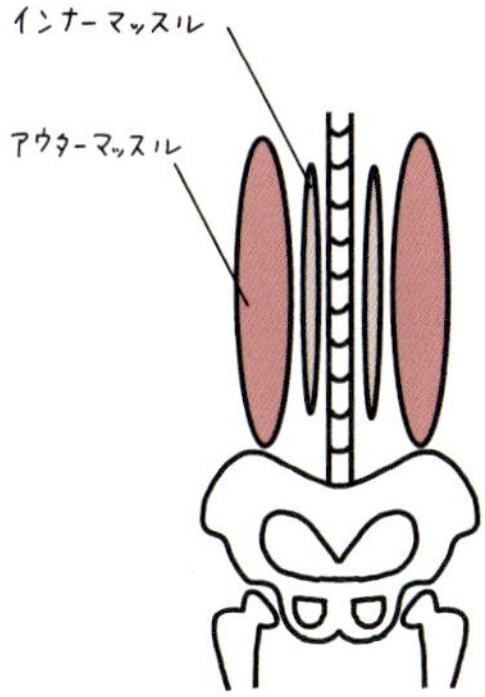

キネシオテープの貼り方

キネシオテープの特徴は貼り方にあります。
一般的な固定テープと違って関節を固めて動きを制限することを目的としていません。
関節の可動域を制限せずに、筋肉の動きをサポートすることが重要です。

たとえば、筋肉の状態を正常に戻すことを考えれば「筋肉に沿って筋肉を最大限伸ばした状態で貼る」ということが大事になります。体のどの深さの部分を狙って貼るかで、テープの牽引率を変えなければなりません。

テープの牽引率で皮膚・筋肉・関節に与える影響は変わってきます。

また、キネシオテープをただやみくもに痛いところに貼ればいいということではなく、痛みの原因のある部分にテーピングを行った方がより効果を得られます。

たとえば肩こり、腰痛といった代表的な痛みの原因にも、単なる筋肉の使い過ぎからくるもの（急激な運動、運動不足の人が体を動かすといったもの）以外にも、神経症、血管性、内臓性といった要因があります。

湿布薬なら痛むところに貼ればおしまいですが、肩こりの原因として内臓に悪いところがある人に限っては、肩周辺だけでなく内臓の上にもテーピングする場合もあります。

このようにキネシオテーピングは湿布薬とは根本的に性質、効果が違うのです。

何やら難しいのではと思う人もいるかもしれませんが、貼り方は簡単ですし、いろいろな応用も利きます。

キネシオテーピングは表皮、真皮、皮下組織、浅層筋、中層筋、深層筋、靭帯、腱など、牽引率やテープの切込みの幅などを変えて症状に適応させていきます。

この本では体幹力に対して効果的な貼り方を紹介しています。

キネシオテープの剥がし方

キネシオテープの剥がし方の基本を覚えてください。

【剥離紙からの剥がし方】

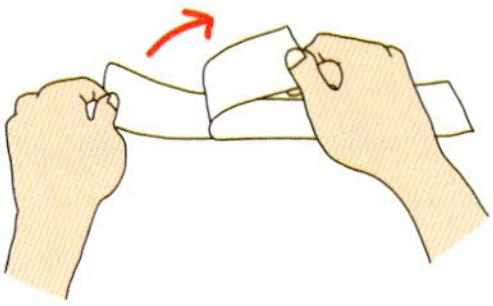

テープの端を固定する場合には端から剥がします。Ｙ字や熊手状の場合はとくに、根元部から剥がします。

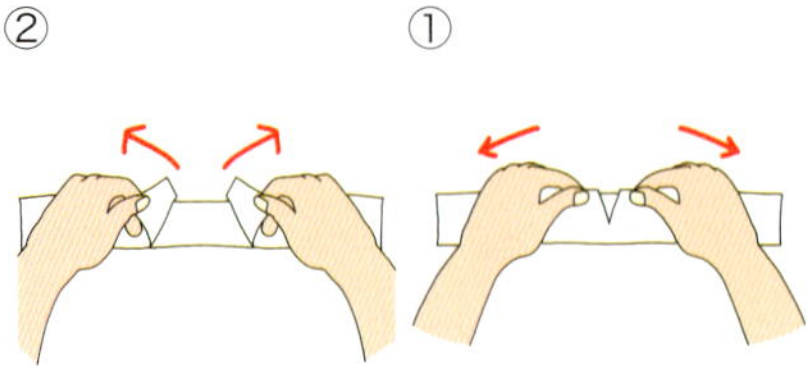

Ｉ字やＸ字の場合、テープの中央を合わせてたり固定することが多いいので、真ん中から剥がします。

【皮膚からの剥がし方】

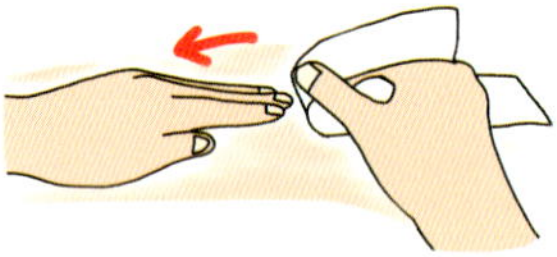

皮膚に貼ってあるテープをはがす時は、皮膚からテープを剥がすのではなく、毛の方向に逆らわらず、テープについている皮膚をテープから剥がすようにするのがコツです。

重心バランス①

足底テーピング（縦アーチ）

足裏のアーチ形状は、足部の靭帯群の引張りによって形成されています。だから日本名では、「足弓」といいます。

この靭帯から作られる足部の張りや支持力が、足裏から身体を支えて、骨盤を誘導する事で姿勢の保持は勿論、運動時のバランス保持や推進力を引きだす役割があります。

この姿勢保持や推進させるときの下肢の筋活性が、第二の心臓と言われている循環機能で、心肺への循環機能を補助している役割も担っています。

キネシオテーピングにより、動きは妨げず、適度な牽引刺激で縦アーチの維持を保ちます。

＜テープ採寸＞

熊手状テープ、幅５㎝、長さ 15㎝、切り込み 10㎝。
第２趾と第３趾の付け根の足底面から踵までを結ぶ線を採寸。

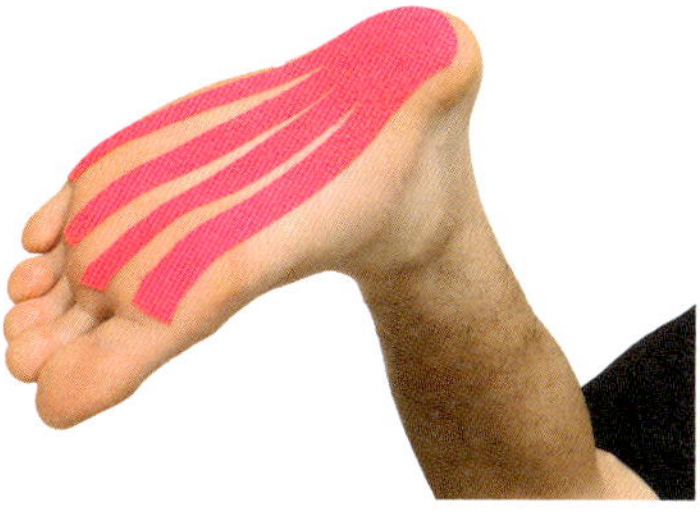

＜貼り方＞

1

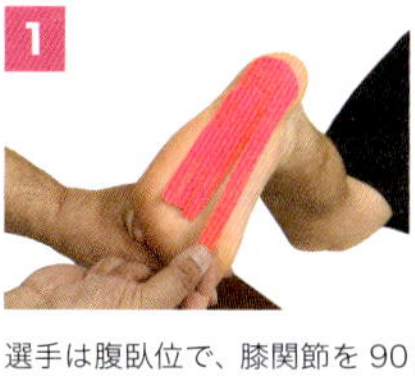

選手は腹臥位で、膝関節を 90 度屈曲させる。テープの基部を張力をかけずに踵の足底面に貼る。

2

次に足趾を伸展、足関節を背屈させる。次にテープの尾部に 100％の張力をかけながら足底筋膜を包むように等間隔に貼る。

重心バランス②

母趾関節の安定性（親指重心テーピング）

母趾は歩く時や走るときに床を蹴る際に最も活躍する趾です。

また、歩く時は、かかとで着地↓小指側に体重がかかる↓第四指（手の薬指に相当）、中指、第二指（手のひとさし指に相当）が同時に接地↓最後に親指方向に重心が移動となります。

親指を中心にして地面を蹴って次の一歩を踏み出して行きます。

この重心移動を繰り返しながら歩いているのです。

体のバランスを保つには足の趾が大切なのです。

＜テープ採寸＞

I字テープ、幅2.5㎝、長さ8cm。
母趾一周を巻く長さを採寸。

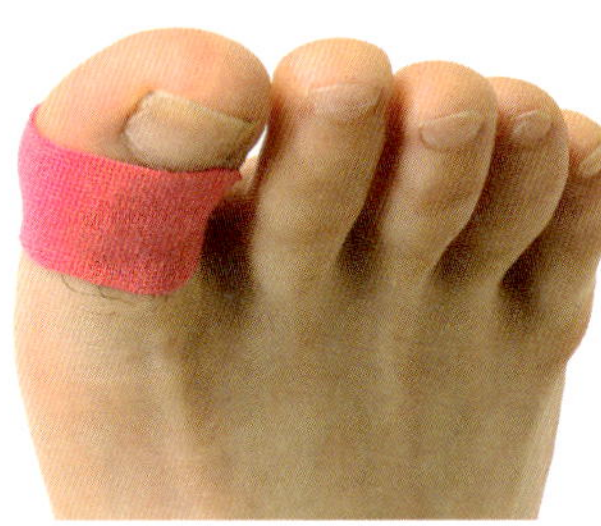

＜貼り方＞

1

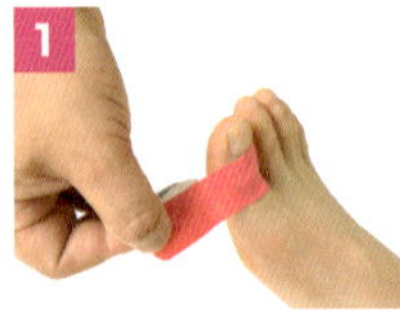

キネシオテープの一端を母趾の末節骨（爪の付け根）に貼る。

2

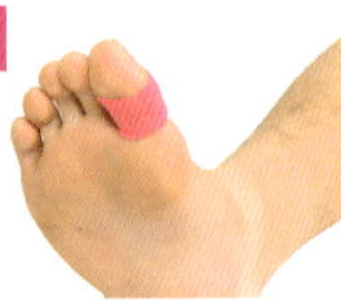

キネシオテープのセパレータを剥がしながら、引っ張らずに母趾に一周巻くように貼る。

重心バランス③

足底の安定性（指先テーピング）

揺れに耐えるとき、足の趾に力を入れてバランスを取ることと思います。

もし足の趾に力が入らない場合は、足の裏だけで支える事になります。しかし、足の趾に力を入れて踏ん張ることができないと、すぐバランスが崩れやすいし、足の趾5本全てにきちんと力が入らないと膝に負担がかかります。

足の趾は、ふくらはぎに繋がっています。足の母趾の筋肉は、ふくらはぎの内側に、足の小趾の筋肉は、ふくらはぎの外側に付着しています。そして、ふくらはぎの筋肉は膝の後ろに付着しています。

足の趾が使えないと筋肉は伸び縮みしないので、使っていない寝たきりの筋肉ができてしまいます。そのため、膝に負担がかかります。

＜テープ採寸＞

I字テープ、幅 1.25 ～ 2.5㎝、長さ４～６cm。
趾の爪の付け根から足の甲（中足骨）の長さを採寸。

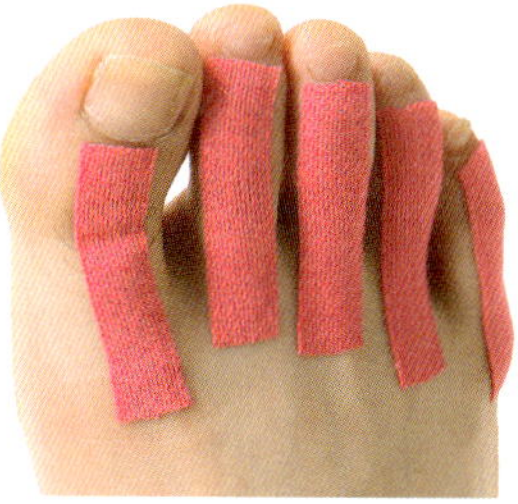

＜貼り方＞

1

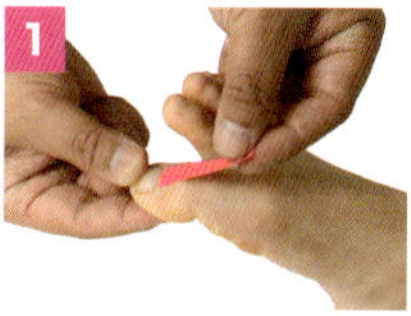

足の爪の付け根に、テープの一端を貼る。

2

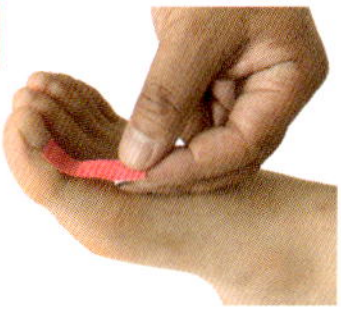

足趾を底屈し、セパレータを剥がしながら、テープは引っ張らずに趾に沿って足の甲まで貼る。（基節骨を越え中足骨までかかればよい）

重心バランス④

トータルバランステーピング

第5中足骨の裏からリスフラン関節とショパール関節の上にキネシオテーピングを貼付することにより、立方骨と中足骨の両方を刺激し、安定感を与え、足底の働きを改善することができます。

動きを妨げず、足にしっかり体重が乗るため、姿勢がよくなりバランスがとりやすくなります。

<テープ採寸>

Y字テープ、幅5㎝、長さ20㎝、切り込み15㎝。
第5趾の足底面から第1趾の足背までを結ぶ線を採寸。

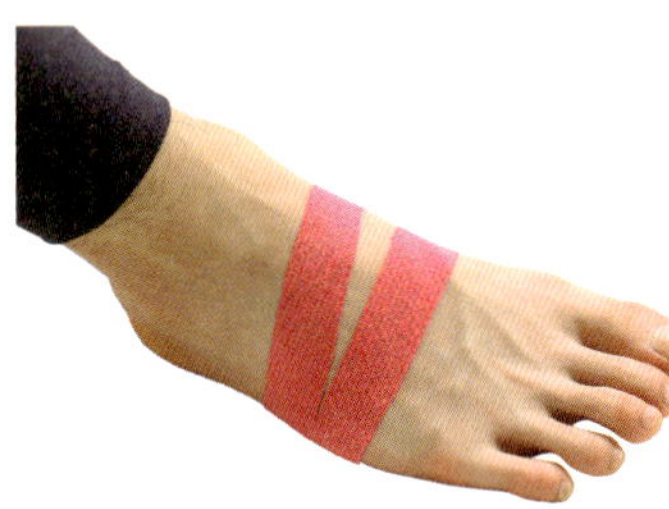

<貼り方>

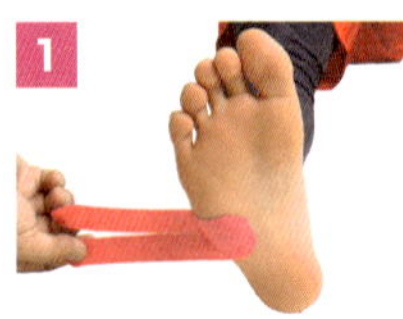

1 キネシオテープの切込みのない一端を、第5趾の中足骨足底部に貼る。

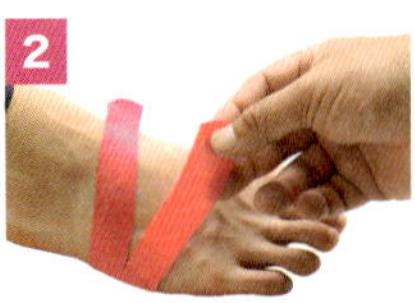

2 立方骨を持ち上げるようにしながら、切込みのあるそれぞれをショパール関節とリスフラン関節の上にテープを引っ張らずに貼る。テープは、第1趾中足骨までかけるように貼る。

足関節バランス①

アンクルテーピング

足部との接触面の状況は足関節肢位を変化させるため上位の関節やアライメントに変化を引き起こし、立位バランスに影響を与えます。

キネシオテーピングによって足部との接触面を整えるため、上位関節やアライメントに変化を起こしにくくし、立位時のバランスを保つことができるようになります。

<テープ採寸>

Ｉ字テープ、幅５㎝、長さ 15㎝。
内果の後方から外果の前方までを採寸。

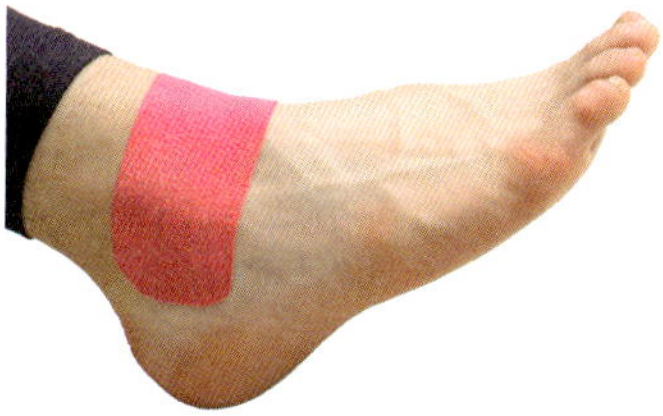

<貼り方>

1

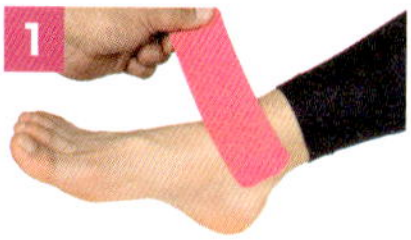

選手は仰臥位。足関節背屈、膝関節を伸展させ、テープの基部を内果の上に貼る。

2

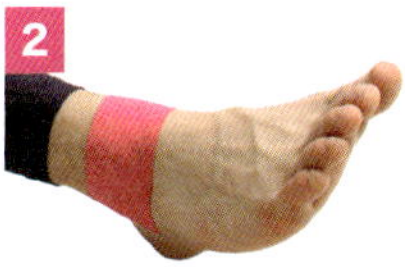

テープの中央に０～25％の張力をかけながら、前・後脛腓靭帯を覆うように貼る。
テープの端は、張力をかけず外果の上に貼る。

足関節バランス②

内果・外果 EDF テーピング

まず脛やふくらはぎから走行する筋肉の腱が、くるぶしの後を通ることで『滑車』の役割をして、足関節の底屈（背伸びするように足くびを伸ばす動きです）が円滑になります。

しかし、滑車の役割をするということは、摩擦が大きくなるため腱の炎症も起こりやすいですし、何らかの外力が加わることで、腱が滑車から外れることもあります。

次に足関節を安定させる作用があります。

足関節は、ほぞとほぞ穴のような構造になっていて、距骨という骨の関節面の周囲を、くるぶしの裏面で覆うようになっているため安定した構造になっています。足関節の動きを行う際、足関節は、内果と外果を結んだ線を軸に、底屈と背屈を行います。

外果の方が低い位置で少し後側に位置します。

そのため足関節の底屈も背屈も水平に運動するわけではなくて、底屈の際には『内反』背屈の際には『外反』を伴うということになります。

＜テープ採寸＞……………………………

ＥＤＦテープ、幅 2.5㎝、長さ 15㎝。

切り込み　両端１㎝ずつ残し、真ん中５回切込みをいれた６本スリット。外果、内果を覆う長さを採寸。

<貼り方>　ＥＤＦテープを貼ることで、摩擦による炎症を抑え、両側から足関節を支える役目も果たし、足関節の安定性も助けます。

1

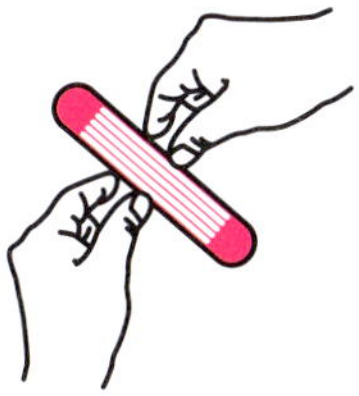

テープの中心が患部に来るようにする。
１枚目は、時計の10時-4時の方向に貼る。

2

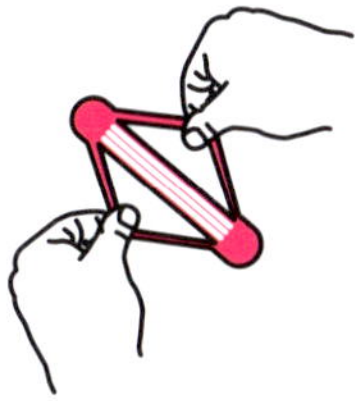

指先でスリットの外側、両側のテープ中央からやさしく外に広げます。
※糊の部分をあまり触りすぎないようにする。
※テープを引っ張りすぎないように注意。

3

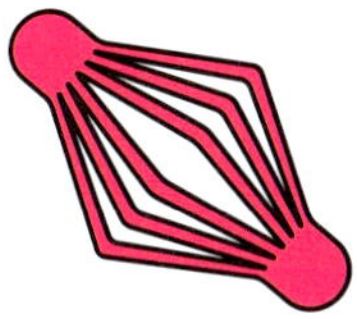

スリットは等間隔に広げます。
テープをやさしく押さえるようにして、皮膚によくくっつけます。

4

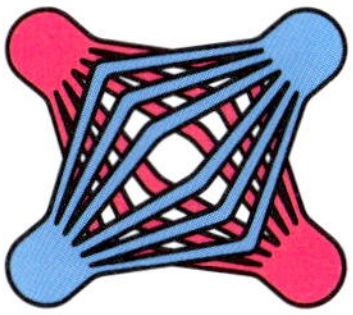

２枚目のテープも、同じように時計の２時-8時の方向に貼る。

5

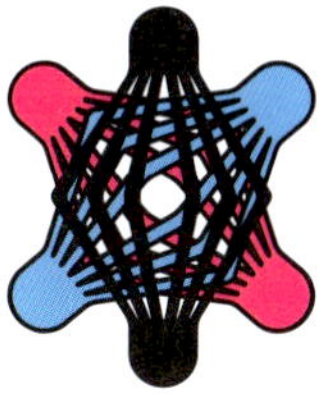

３枚目のテープも、同じように時計の12時-6時の方向に貼る。完成図。
※テープの重なっている中心が６角形の形にあるのが望ましい。
※ピンセットを使うとテープが貼りやすくなります。

膝関節バランス

膝窩筋テーピング

膝窩筋の作用は、膝関節の屈曲、膝関節屈曲時の初期動作での下腿内旋と膝の伸展位を解除する、という役割を持っています。膝窩筋の働きが低下してくると膝が過伸展位になりやすくなります。

膝が過伸展位になると、歩行時などで膝を上手く使えずにいるので、立ち方だけではなく歩行パターンなどが崩れてきて、膝の裏側に痛みが出てくることもあります。

膝窩筋のテーピングを行う事で、膝の過伸展動作を制限することが出来、正しい膝の屈曲、内旋動作が行えることで膝関節の捻じれ予防にも効果が期待できます。

<テープ採寸>

Y字テープ、幅3.75㎝、長さ20㎝、切り込み15㎝。
大腿骨外側上顆とガソクを結ぶ線を採寸。

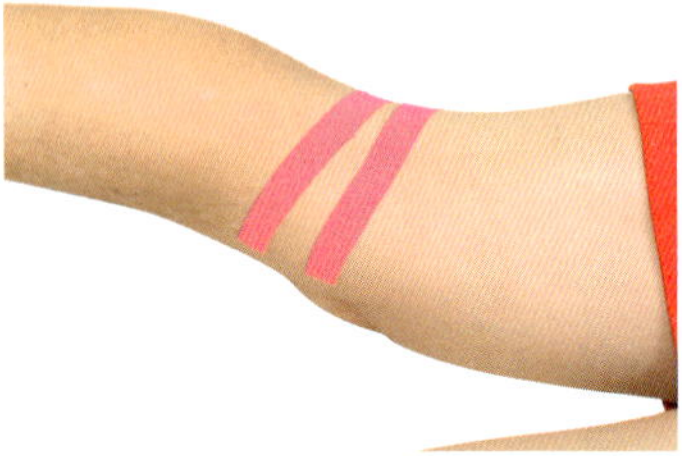

<貼り方>

1 選手は伏臥位

膝関節を10度屈曲（枕などを敷き、下肢を支えても良い）キネシオテープの切込みのない一端を大腿骨外側上顆に貼る。キネシオテックスを剥離紙から剥がし仮置きをする。

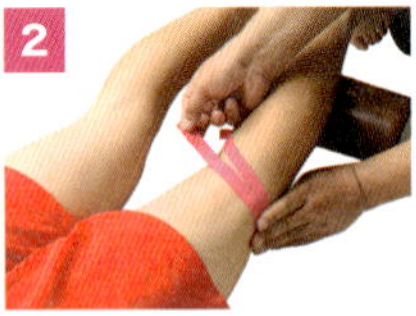

2 下腿を外旋させる

一方の手を大腿骨外側上顆に置き、皮膚を外方に引く。切り込んだキネシオテックスの上方を膝窩を通り脛骨内側顆に貼る。

3 膝関節を伸展する

一方の手を大腿骨外側上顆に置き、皮膚を上外方に引く。切り込んだキネシオテープの下方を、膝窩を通りガソク下に貼る。

股関節バランス①

中殿筋テーピング

中殿筋は片方の脚を持ち上げるときの骨盤のバランスを保つために作用しています。歩行しているときや走るとき、連続して片足になる瞬間があります。

支えている側の中殿筋が正しく収縮することで骨盤を水平に保つことができます。

股関節を支える重要な筋肉である中殿筋をキネシオテーピングすることで、股関節の安定や片足立ちのバランス、下肢全体（足関節）の安定まで影響を与えます。

<テープ採寸>

Ｙ字テープ、幅５㎝、長さ30㎝、切り込み25㎝。
大転子と腸骨稜の頂上を結ぶ線を採寸。

<貼り方>

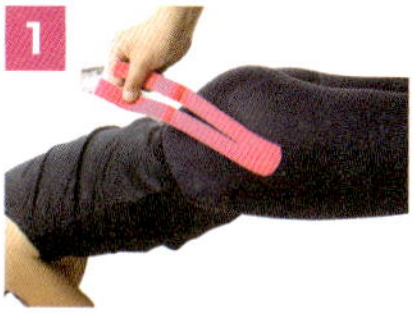

1 選手は側臥位。キネシオテックスの切込みの無い端を大転子に貼る。

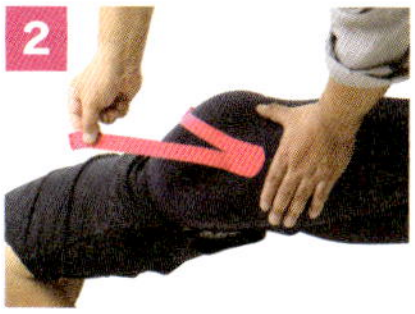

2 一方の手を大転子に置き、皮膚を足方に引く前方のテープを腸骨外側面に向けて貼る。

3 膝関節、股関節、最大屈曲、やや内転させる。キネシオテープをセパレーターから剥がし仮置きをする。一方の手を大転子に置き、皮膚を前下方に引く。後方のテープを後上腸骨棘に向けて臀部の後ろを包むように貼る。

股関節バランス②

内転筋テーピング

内転筋群は、中殿筋と共に骨盤の横の安定性をサポートします。

日常の生活動作はもちろん、歩行やランニングなどにも影響します。

外転筋とバランスを取り、骨盤の安定、足の振り出しの角度などにも影響があります。歩いていたり、走っていてつま先がつまずきやすい場合などは、このバランスが崩れていることが考えられます。

キネシオテーピングをすることで、股関節の内転、屈曲、一部伸展の動作がスムースに行えられるようになるばかりでなく、骨盤の横の安定を保持し、足がまっすぐ、つまずかず運べるようになります。

<テープ採寸>

I字テープ、幅5㎝、長さ30㎝。

膝関節内側と恥骨を結ぶ線を採寸。

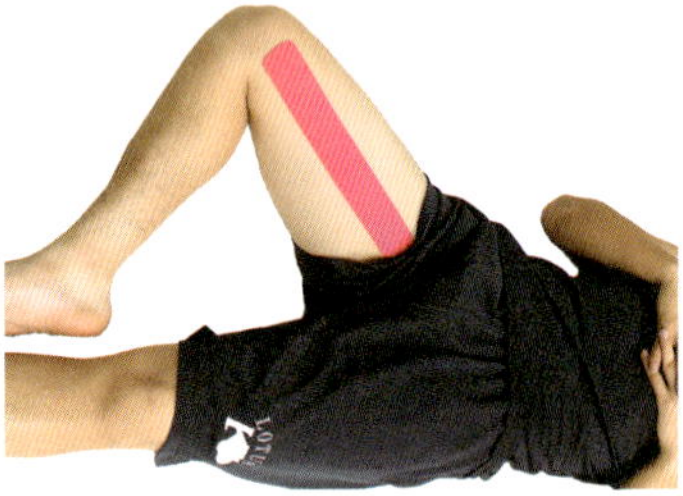

<貼り方>

1

選手は仰臥位　キネシオテーピングする方の下肢を股関節・膝関節45度屈曲外旋。
キネシオテックスの一端を大腿内側の付け根、恥骨下肢の下に貼る。股関節を最大外旋させる。

2

一方の手をテープを貼ったところに置き皮膚を大腿の付け根に向けて引く。
膝関節内側顆に向けて貼る。

骨盤の安定性

腹横筋テーピング

腹横筋は本書の中で何度も説明している通り、体幹において最も重要な筋肉です。

　腹筋群の最も深い内臓側にあり（表面側から外腹斜筋→内腹斜筋→腹横筋）、表からは見えない、コルセットのような役割を持った筋肉です。コルセットは筋肉を圧迫することで筋力を低下させてしまいます。

　キネシオテーピングを貼ることで、筋肉を圧迫しないため、腹横筋の筋力低下につながりません。腹横筋の走行に沿ってキネシオテーピングを貼付することで無意識的に腹横筋の収縮を誘導することが可能になります。

＜テープ採寸＞

ジェリーフィッシュテープ（テープの切り方図）
I字テープを半分に折り３本の切込みを入れ、４本の端を作る。幅5㎝　長さ 25㎝　半径 0.5cm の穴あき、切込み両端から 20cm のテープ2本。
I字テープ、幅 1.25cm、長さ 70cm。
腹腔の長さ

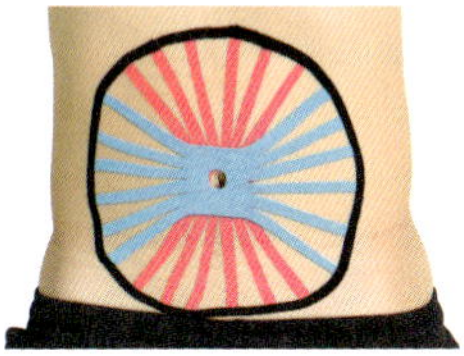

＜貼り方＞

1

選手は仰臥位。お腹を引っ込める。カニ足テープの中心の穴を、へそに合わせて貼る。（テープは、時計の 12 時 6 時の方向）

2

お腹を膨らませた状態にする。
４本に切ったテープの一端を等間隔に広げて貼る。

3

もう１枚のカニ足テープも同じように貼る。（テープは、時計の９時３時の方向）

4

5

4 5
細く切ったテープを、カニ足の外側を包むように時計回りに貼る。
※テープは、0%～5%くらいの張力で貼る。

体幹バランス

脊柱起立筋テーピング

脊柱起立筋は1つの筋肉の名称ではなく、大きくわけて棘筋、最長筋、腸肋筋という3つの筋肉の総称なのです。脊椎に対して平行に走行しており、比較的体の中でも長い筋肉であります。身体の浅表層部に位置している筋肉です。

脊柱起立筋は背中を真っ直ぐに伸ばす働きがあり、左右の脊柱起立筋が同時に収縮することで脊柱が伸展します。片側の脊柱起立筋が収縮することで体が回旋や側屈します。この筋肉が低下することで姿勢が悪化し、猫背や腰や首の不調にも影響を与えます。

キネシオテーピングを脊柱起立筋に貼ることで、正しい、背中の筋肉の動きを取り戻すことが出来ます。

<テープ採寸>

I字テープ　幅5㎝　長さ45㎝。
仙骨中央から胸椎3番を結ぶ線を採寸。

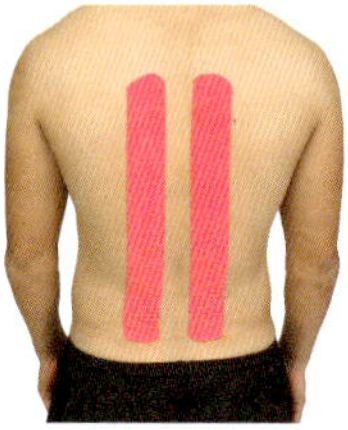

<貼り方>

1

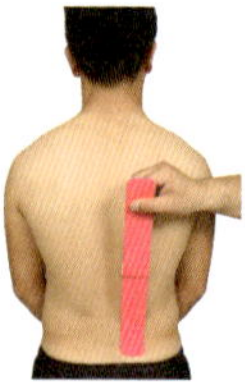

テープの一端を上後腸骨棘に貼る。キネシオテックスのセパレータを剥がし、皮膚に仮置きをする。

2

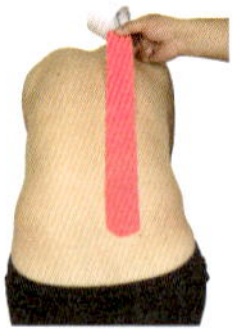

出来るだけ、腰を丸め、テープを引っ張らずに背骨の脇の筋肉に貼る。

3

反対側も同じように貼る。
貼り終わって、上体を起こした時に、テープにシワが寄っているとよい。

肩関節バランス

小円筋テーピング

小円筋は棘上筋、棘下筋、肩甲下筋と合わせて肩関節の回旋筋腱板（ローテーターカフ）を構成している筋肉の一つで肩関節の外旋、内転を行う筋肉です。また、肩関節の安定性と関節の補強に大きな役割をしている筋肉で、肩関節後方の動的安定性に関与しています。

小円筋は肩甲骨と上腕骨の間にあり、棘下筋のすぐ下に位置します。

基本的に棘下筋と同じ機能をもち、肩関節後方の動的安定性に役に立ちます。腕を下に強く引く動作で使われます。

手のひらを外側に向けるように腕を捻る動作の時に使われる筋肉です。小円筋が低下すると肩関節が前方に動き、肩が前方に移動してきます。

キネシオテーピングを行う事で、肩関節の正しいポジションを保持することが可能になり、肩関節の動きがスムーズになってきます。

<テープ採寸>……………………… I字テープ　幅 2.5㎝、長さ 15㎝。
肩峰から肩甲骨下角を結ぶ線を採寸。

<貼り方>

1

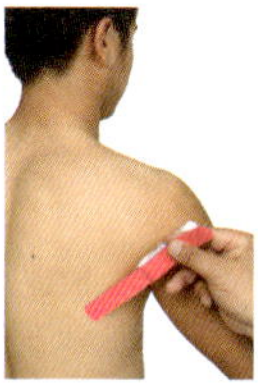

選手は座位。肩関節 30 度外転。キネシオテープの一端を肩甲骨外側縁の 1/2 に貼る。

2

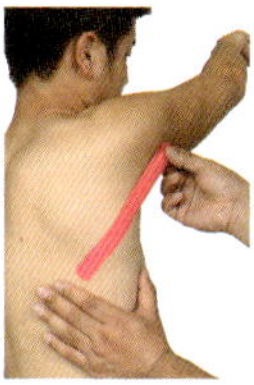

肩関節 100 度屈曲内転内旋。キネシオテックスをセパレーターから剥がし、仮置きをする。肩甲骨外側縁に手を置き、皮膚を下内方に引く。

3

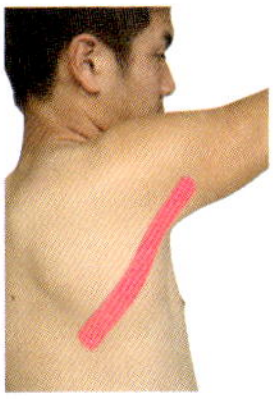

もう一方の端を上腕骨大結節の最下部に貼る。

背部バランス

菱形筋テーピング

菱形筋は肩甲骨と背骨に付着している筋肉です。腕を背中側に持ってくると、肩甲骨が背骨側に寄ってきます。この時に働いている筋肉が菱形筋です。片側だけ収縮すると、背中が捻じれるような動きになり。両方同時に収縮すると、背中側が縮まり、胸部が開くようになります。菱形筋を上手くコントロールできるようになると、体を反らす動きや、ねじる動きのコントロール性が増してきます。僧帽筋というアウターマッスルと区別して使えるようになることで、肩甲骨のコントロール性が更に高まってきます。

菱形筋に対してキネシオテーピングを貼ることで、腕を背中側にスムーズに動けるようにサポートしていきます。

<テープ採寸>

X字テープ　幅5㎝、長さ18㎝、切込み 両端から7cm。肩甲骨内縁から第3・第4肋椎関節を結ぶ線を採寸。

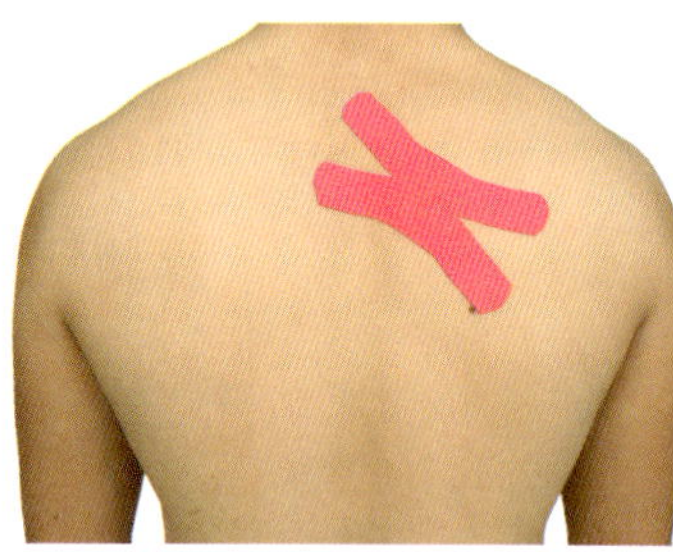

<貼り方>

①選手は座位。
②キネシオテープの中心を肩甲骨内側縁1/2のところに貼る。
③キネシオテープをセパレーターから剥がし仮置きをする。
④上肢を体の前で交差させ、背中を丸め頚部も屈曲する。
⑤X字の中心に手を置き、皮膚を外方に引く
⑥X字の内側の上の部分を第2胸椎棘突起に貼る。
⑦X字の内側の下の部分を第5胸椎棘突起に貼る。
⑧X字の中心に手を置き、皮膚を内方に引く。
⑨反対側を菱形筋に沿って同じような角度で貼る。

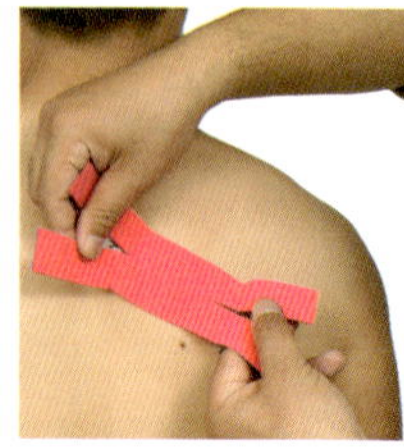

首バランス

胸鎖乳突筋テーピング

胸鎖乳突筋は片側が収縮した場合と両側が同時に収縮した場合とで作用が異なります。片方が収縮すると、頸部を反対側に回旋させ、やや傾けます。両方収縮すると、頭部を前下方に引きます。この筋肉は胸骨と鎖骨に付着しているため、頭部が固定されたままでこの筋肉が収縮すると胸骨と鎖骨に作用し首をすくめて顎を突き出す動作になります。

胸鎖乳突筋は呼吸の補助筋としても働きます。そのため、胸鎖乳突筋の作用が低下し頭部と首の安定性だけでなく、呼吸にも影響を及ぼします。

キネシオテーピングを胸鎖乳突筋に貼ることで、首の安定性を図ることができます。

＜テープ採寸＞

Ｙ字テープ　幅 2.5㎝、長さ 18㎝、切込み 17cm。
乳様突起から胸骨を結ぶ線を採寸。

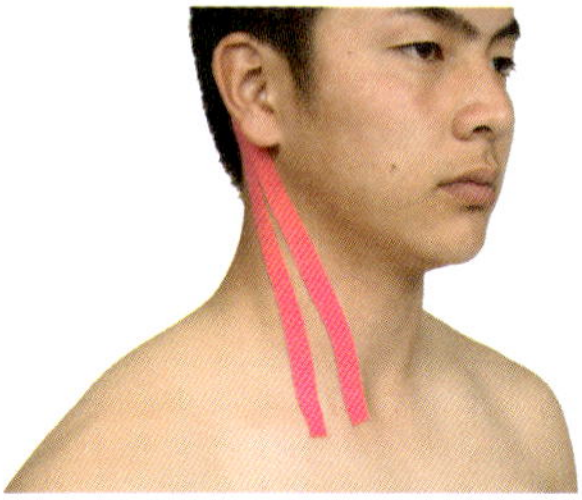

＜貼り方＞

1

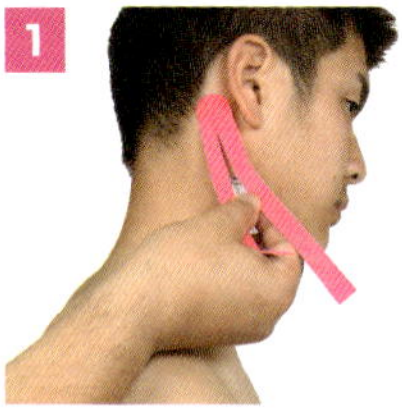

選手は座位。切込みの無いキネシオテープの一端を乳様突起に貼る。
キネシオテープをセパレーターから剥がし仮置きをする。

2

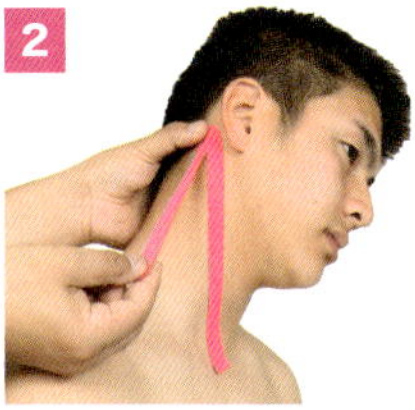

反対側へ頭部を側屈する。切り込んだキネシオテープの外側を鎖骨の内側から 1/3 のところに向けて貼る。

3

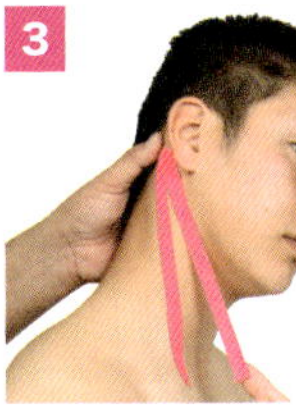

頭（顔）を同側に回旋させる。切り込んだキネシオテープの内側を胸骨切痕に向けて貼る。

第6章

対談 ～佼成学園ロータス小林孝至監督　ＶＳ　加瀬剛トレーナー

ロータスに関わって四年

加瀬：三連覇、おめでとうございます、というか、良かったですよね。

小林：いや本当にヒヤヒヤでしたね。加瀬トレーナーのお蔭ですよ。

加瀬：何をおっしゃいますか。

小林：ところで、加瀬トレーナーがロータスに入って四年目、確か二〇一四年の夏合宿からですよね。

加瀬：そうでしたね。体幹を一番最初に鍛えないといけないと、実際に監督と話をしたのが、夏合宿に行く車の中だったと思います。

小林：ゴムを頼んだんだよね。

加瀬：体幹をやらなければいけないという話になって、その体幹をやるのに何が必要かというときに、じゃあゴムバンドがあるといいね！っていう話をしたときに、ゴムバンドを用意してほしいと言われ、ゴムバンドが合宿に間に合うかどうかという状態で、直ぐに業者に手配して、間に合わせた。

小林：とりあえず、合宿は来てよ！みたいな感じでしたね。行きの車で、話を詰めていって…。

加瀬：そう、だから合宿は、あのときは、まだ正式に入る前でしたよね。

小林：そうそう。

加瀬：二〇一四年の夏合宿は、まだ、他のトレーナーがいたんですよね。で、夏合宿に来れないから、そのときに来れないかっていう話で。そこで、じゃあ、今まで中学校の生徒たちを何人かみていたので、夏合宿は時間があるからということで。僕が行きました。結局、合宿は山の中だから、怪我したりすると、病院まで行くのに一時間くらいかかる。そこで、病院に連れて行く必要があるほど重篤なのかどうかの見極めが必要になってくるというのが課題でしたね。そこで、私に声がかかったということでしょうね。

小林：それはありますね。

加瀬：まず夏合宿にいって、その時に何か新しいことができないかっていうことで、体幹トレーニングを取り入れたらいいという話になって、まず軽く、体幹を取り入れ始めていった。

小林：行きの車の中でそういう話をしていたんだよね。で、その秋の大会が終わって、前のトレーナーが辞めた後に、加瀬トレーナーが入る形になっていったのかな。

加瀬：それがちょうど、二〇一四年の一二月二三日。それこそクリスマスボウルの行われている日に、初めて、正式に来年からロータスでやらないかっていう話があった。その時、私と窪田と和田と監督と４人いて。覚えていますよ、一二月二三日。

小林：ロイヤルホストで。

加瀬：考えれば、そこが一番最初のクリスマスボウルだった。日にち的にはね。それで翌年から入っていった。純粋に私が入っていった最初の年は、春が来て、秋の大会で、けっこう選手の怪我が多い状態になって、都大会の初戦で敗退するっていう…。

小林：秋の大会ね。クォーターバックが前十字靭帯をやっちゃって。負けて、厳しかった。二〇一四年は層が薄かった。そこで負けて、やっぱり、色々な面で一新しなくてはいけないと思った。三年後には、強くするぞ！という思いで…。新一年生が入ってくるのがわかっていたんで、色々なところを見直すチャンスだった。

加瀬：そうでしたね。

小林：やっぱり基礎トレーニング、まあ何しろ全部見直す、ということで、体幹をしっかりやっていこうというのにも取り組んだ。というのも、夏合宿でやってもらって、めきめきと効果がではじめていた。これはもう実感として、ある程度いけるなって思えた。やっぱりウェイトトレーニングやるより、しっかりと高校生のときにこっちの体幹トレーニングの方がいいと思えた。それで真剣にやらせ出した。で思ったより楽にやれるかなと思っていたら、結構ラクじゃなくて…。

体幹トレーニングを本格的に取り入れる〜体の動かし方が上手い選手は怪我しない

加瀬：そう、多分。最初にやったときは、今よりもさらに簡単なところからスタートしていたんですけど…。

小林：やっぱりレギュラーと控えと分けるとき、合格できる子と出来ない子の差は歴然とでましたね。グループを分けたときに上の子たちは、試合に出られるようなメンバーだった。その控えメンバーたちが底上げだったけど、普段練習するときにも結局怪我するから、なかなか上に行けない。

加瀬：ケガですよね。

小林：フットボールって、アメリカから来ているので、ウェイトトレーニングも、サーキットトレーニングとかも、いろんなスポーツの中で最先端にいっているものだと思っていた。なので、ある程度、フットボールにたずさわって、フットボールのマネをしていれば、何とかなるという思いもあったんですけど、そうじゃない部分もしっかりあった。ちょうど、体幹による差が表れ出してきたと頃だったので、そう思えました。

加瀬：コーチングの立場やトレーニング的な立場でみた場合に、フットボールという競技は、混合種目なんです。例えば、バレーボールとか、バスケットとか、サッカーにしても、ポジションが少しあったとしても、だいたい同じような身体能力でいい。でも、アメフトに関しては、役割分担が、走る人、守る人、投げる人と全く違う役割になる。そういうことになってくると、みんな鍛え方も違えば、練習内容も全部違うし、メニューも違うという話になってくる。要は、五つか六つぐらいの競技が合わせたようなものがアメフト競技だということになる。そうすると、怪我の種類も複雑なんですよね。

小林：本当に分業というか、役割が違うから、必要とされる体も違う。

加瀬：ケガの種類も複雑。たとえば、高校生レベルだと、ポジションによっては、いくつかのポジションをやらせてみて、特性をみていっている選手もいる。

ポジションの決まった選手は、そこだけの運動をしていればいいけれど、複数のポジションをこなす選手は、別なポジションをやると、別な運動が加わってくる。例えば、キッカーとレシーバーやっている選手がいるとすると、違う怪我が起こってしまう。それがどっちからくるのかっていう話になってくると、可能性としてみれば、幾千通りとでてくる。それを紐解いてわかっていこうと思うと、やはり、原因が何なのかっていうのをみていこうと思いますよ。そうすると、やっぱり体の動かし方に行きつく。

小林：そうだよね。

加瀬：だから、体の動かし方が上手い選手は怪我しないし、下手な選手はやっぱり怪我をする。怪我では、自爆も多いしね。

小林：やっぱり、結局は自分でひねっちゃったり、自分で転んで地面・地球と闘っちゃって負けるというパターン。

加瀬：人とぶつかって、ケガしたというのはわかりますけど、意外と自分の事情で怪我をする。練習で何万回も同じ動作をしていく、例えばスタートの動作でやろうと思った時に、ねじりが毎回変わっている。紐でもねじれて行けば、最終的にプツッ

と切れてしまう。そのねじれがねじれないようにしていきたい。こういう動作だったら筋肉や腱は強いけれども、この方向に弱いとか。だから、そういう動きをつくっていかないと、結局少しずつ影響を受けて、最終的には重篤な怪我になってくる、なので、それを防がないといけないと教えていかないといけない。

小林：まさにその通りです。昔は、そこまで考えていなかった。

加瀬：でも、今までのトレーニングのやり方というのは、怪我した上に筋肉をどんどんつけていく。なんとかそこの部分を上から補強していくという考え方。今までのスポーツというのは、中を戻すという考え方が意外と少ない。体を動かすとき、正しく体幹を使えてくると、関節の位置がまっすぐに使えていくし、関節がきちんと安定してくるようになってきて、筋肉が無理なく動いてくる。でも、関節が壊れていって、関節が壊れた時に、筋肉がねじれてくると筋肉もおかしくなってくる。では、関節は何で壊れるかっていうと、体幹がずれて骨盤がずれてくるのでおかしくなってくる。

小林：そうですよね。

加瀬：そしたら、一から戻すには、どうするかといったら、体幹系の動きからになる。一番地味で時間がかかる部分というのが、体幹系の部分。これはもう、高校一年からつくってやっていかないと間に合わない。三年生が今までやったことのない体幹をはじめてやっても、結果が出るのは、果たしてその年に間に合うかというと、わからない。

小林：でも。私たちは本当にやっていこうと、三年間積みあげていった。だから、それを一年生からやっている選手たちが三年生になって、ケガなく三連覇できたというのが、ものすごくある。

加瀬：三年間、積み上げていきましたね。

小林：そうですね、もう明らかに、うちは体格では劣っています。フィジカルな面では劣っています。他校の選手たちは、筋肉も多くついています。だけど、うちは、当たり負けをしないのと怪我をしない、というのが歴然とあります。それで、膝の怪我のあとでも、内転筋と外転筋を鍛えたり、さっきの骨盤矯正してもらったり、それをプラスアルファの補強のところでプラスしていきました。去年、きちんとトレーニングを始めた選手は、ほぼ怪我なく、というのがあります。

加瀬：本当に怪我なく、三年生最後の試合をできたのはよかったです。

いい状態で試合を迎える

小林：すごいことですよね。体幹トレーニングがあったから、あのいい状態で試合を迎えられています。普通は、痛んでいる状態で試合に入るから、試合中に怪我するし、痛みが増す。決勝の相手の選手なんかは、初めから痛み出して、担架持ち出して、最後は戦う力がはだいぶ落ちてきている、でも、うちはほとんど変わりなく、もう1クォーターあっても戦えたなっていう感じでした。

加瀬：そうでしたね。

小林：時間がどこで切れておしまいという中で、勝てるか負けるかがアメフト。結果としてうちは逆転して終わっているけれど、もう1クォーターあっても負けなかったと思えています。体力と精神に余裕がありました。それは体力だけではなくて、体幹も鍛えていて、怪我をしていれば治療もしてもらっています。練習もほとんど毎日やっているわけで、怪我の原因をとるようにいわれ、自分の姿勢だったり、足の使い方だったり、一から修正してもらうことができているので、いい状態で試合に臨めています。今のうちのチームの勝利というのは、体幹トレーニングもそうだし、どれをとっても、全てマッチしていて、各選手の持っているパフォーマンス以上のものを出して、結果を出しているなっていうのが正直なところです。

加瀬：全国三連覇したっていうのは、すごいですよね。

小林：そうですね、本当に試合の中で、数字で言えば、獲得ヤードとかは全部負けているのですからね。身長とか体重とか、多分筋量も、40ヤード走とかもそうだし、ベンチプレスとかスクワットの量とかいわれても、圧倒的に、圧倒的という言い方は選手に失礼だけど、レギュラー陣のスタートの平均を取ったら絶対負けていると思う。でもそこは、体幹トレーニングをやっていてもらっていたおかげで、トレーニングなどではそんな重たいのもやっていないし、フィールドトレーニングをプラスアルファやっているだけ。フットボールも思いっきりやって、楽しく出来ているし、結果がでるから、やっぱり大事だよねってなる。だから、単調でも繰り返す。

加瀬：体幹トレーニングをきちんとやっていた選手たちというの、

スタートとっている。やっぱりスタートとっている選手たちは最初の1グループ、いちばんいいグループに残るってますよね。

小林：でも、一般にアメフトは筋量の違いで一軍二軍がわかれるって言われるから、一生懸命みんな筋量上げるんだけど、うちは、そこでの分け方をしていないので、そこは一軍にあげない。やっぱりうちは、体幹の加瀬トレーナーが三つに分けてくれる。やっぱりでも合格する選手は、このスタートメンバーに入るねとか、逆にスタート決める時でも、迷った時は、そういうところでトップにいる選手たちを選んでいる。この選手は2グループだから、1グループのこの選手にしようとか。それは地道に努力している成果だし、成果をだすことで怪我も少ないし…。

加瀬：そこは、技術的なこともあるかもしれないけれど、体幹を地道につみあげたフィジカルでみていくという…。

小林：まあそうでしたね。逆に一番地味だし、きついし、体幹は結局、アメフトをやるにあたっての基礎。だけど多分、他の競技でも、自分の体の軸をしっかりとっていくわけだから、このスポー

ツは姿勢が悪くてもできますというスポーツはないと思うんですよね。

加瀬：無いですね。

加瀬：意外と、腹筋とかやって、いい形で割れてくるとやった感じがしますよね。筋肉ついてくると、やった感じはするけれども、体幹の場合に関しては、やった分が見えてこない。

小林：たとえば、これだけ奥の体幹筋が太くなりましたって、ＭＲＩをとればわかるかもしれない。

加瀬：でも、見た目でわかる、膨らむような筋肉じゃないから、全部のその関節周りの部分だとか、軸になる筋肉なので地味ですよ。地味だし、なんとなく、そのポジションができているかどうかで、全然変わってくる。だから、なんとなくやっていると、なんとなくしか結果が出てこない。だから、それをきちっとした形でやることが重要になってくる。

小林：いわゆる、なんちゃって体幹ですね。

自分たちでチェックできるようにする

加瀬：今の選手に関して言えば、さっきも出た、一軍、二軍、三軍と分けていますけど、選手たちが、選手たちでトレーニングをチェックできるような状態にもっていっている。だから三軍から二軍、二軍から一軍に上がるときは、一軍たちが二軍をテストして、二軍が三軍をテストしていく。そうすると、何が出来ているかいないか、という彼らがポイントをわかっていて、そのチェックしていく。だから一応、やる方も基本的にはわかっている。できているか出来ていないかは別問題として、わかっていなくてはいけないので、それを踏まえてやっているから、指導者がみなくても、彼らの中で、それはきちっとした形で継続していける。誰かコーチとかトレーナーが毎回行って、見ていなくてはできないというようなチームだったら、多分続かないと思う。体幹トレーニングというのはね。

小林：うちはチーム作りで、自分のためにやるもので監視されているからやるとかではない、というのを教え切っています。だから、僕がいてもいなくても、練習としては、そんなに変わらない…。ちょっとは変わるかもしれないけど、そんなには変わらずにやるので、そういうのがマッチしている。だから、自分たちで集合して、自分たちでやるし、ちゃんとやっていた者は結果がでています。今の選手は、試合形式以外は、見ていなくても、基本的には自分たちでまじめに選手たちなんで…。

加瀬：昔だと、監督・コーチが見てないときは…みたいな文化が…。

小林：はい。そういう時代もあったと思います。だけど、僕は選手に圧をかけてやるのは好きではない。この二五年、自分がいなくてもやれるように、やってきたつもりですが…。加瀬トレーナーがこういういい体幹トレーニングを持っていても、違うチームに行けばどうなるかはわからない。もし、コーチが見ていなくても、自分たちでもチェックできるという良さは、そういうところだと思う。どんなにいいメンバーがいて、いいコーチがいて、いい器具があっても、選手がどれだけ、自分たちでやる気をもってやれるかが指導者の力です。

加瀬：そこは、彼らを褒めあげないといけないところだと思います。あと、説得力がある。やっていけば勝っていける、強くなれるっていう。

加瀬：ところで、体幹はお金かけずにできるというのがいいですよ。マシンを入れる必要性はありません。あとは、そこをきちっと正しいものを教えていってあげて、そのあとは、体幹トレーニングを続けるということが重要。続けると、これほど結果が顕著にかわるものっていうのは、少ないと思います。

小林：それすごく、大事です！

加瀬：筋肉を太くする場合、目にみえてやっているなっていう部分と目に見えないけれども上がっていっている部分というのがあります。語学習得でいうと、いつのまにか発音がよくなっていっているとかありますよね。でも、その発音って、どうやって、うまくするのかっていったら、ヒアリングなのか、スピーキングなのか、よくわからない。こういう話になってくると、なんともいえない、潜在意識的な部分がでてくる。だからこの体の、潜在意識という話で、よく言うのが、もともと体幹というのは、人間、すべての動物が生まれもっていてできるもの。

小林：全ての動物が本能的にできる部分があるから、忘れてしまうと、どうやっていいかわからないんだよね。

加瀬：そうなんですよ。語学もそうっていうのが、日本人で生まれて育ったから、どうやってその言葉を覚えたかっていう部分に関しては、もう一才からしゃべりだしていって、二才で発

音がきれいになっていく。それでは、違う言葉をしゃべろうと思ったときに、自分が一番最初にどうやって教わっていたかっていう部分はわからない状態になっている。それで次の言葉を教わろうと思っていても、文法だとか、単語だとか、という形で語学へ入ろうとするから、語学は、なかなかうまくいかない。でも、語学を聞き取るという部分に関しては、音楽で絶対音感というのがあるように、アルファベットもあいうえおも全部絶対音感だと思う。つまり、音楽がドレミファソラシドに聴こえてくるのは、しゃべっていて言葉があいうえおって聴こえてくるのと同じこと。ただ、その訓練の仕方がわからないだけの話だと思う。体幹の部分も、生まれ育っていく過程で、赤ちゃんが首をそらせるためにやってくる体幹の動きを、もう一度、赤ちゃんはどのようにやっていたのかという部分を正しく教えてあげると、そこではじめて無意識の状態から、意識的に自分の本能というのが、磨きかけられる。なので、そこの方法を教える部分を指導者はやらないといけない。でも、その先の部分は、各個人の能力と努力というのが必要になってくる。要は語学でいうと、英語をしゃ

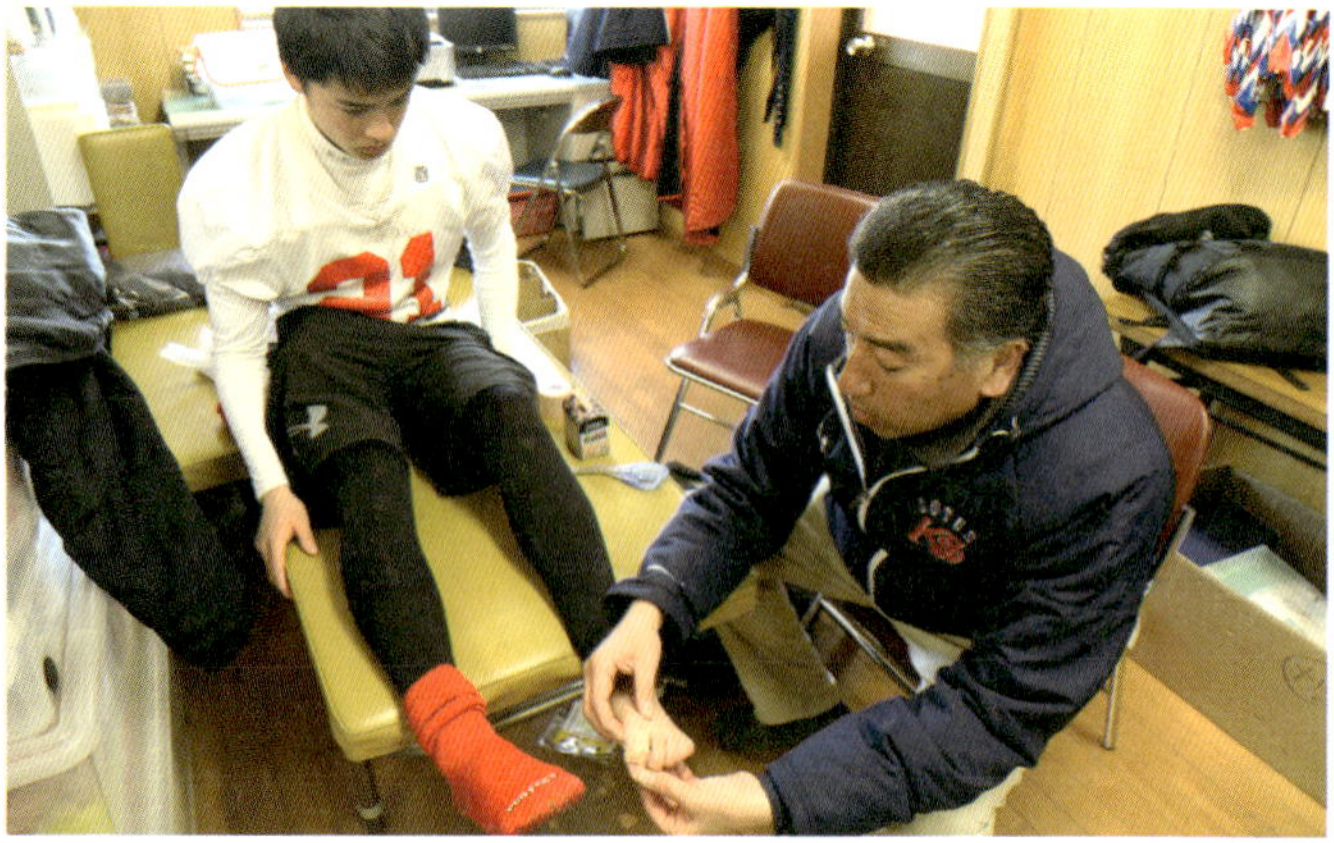

べろうと思ったときに、なんとなくR（アール）っぽくしゃべれば、英語っぽくなるっていう風に見えてしまう。

小林：英語っぽく、ですね。でも、ネイティブには通じない（笑）。

加瀬：そう。ぽくなる。それが体幹っぽくなるっていうものが、見た感じのやり方だけ、本質ではないところをやると、なんとなく体幹やっているけれど、でも全然力は入っていない、結局間違った体幹の仕方をやっている。

足がつる選手がいない理由

加瀬：もう一つ。体幹をつけていっても、一個の動きの部分はできていっても、動きと連動した瞬間に全部それが抜けてしまうっていうことは、結局体幹ができていない状態になってしまう。動きと体幹が連動することによって、はじめて体がうまく動いていく。それがマッスル・ユニット・トレーニング（ＭＵＴ）と体幹をセットにしたトレーニング法。体幹は、バラバラでやると効果というのが落ちてしまう。

小林：すごく実感があるね。結果も伴っているし…。

加瀬：この話を聞いて、ＭＵＴ入れるとか、ストレッチはやめるとかいうチームがあったとしても、勝ち続けているチームでは、実績が邪魔して、、多分絶対通らないと話だと思う。ロータスはタイミングがよくて、やらせてくれて、結果にも結びついた。すごいタイミングだと思うんですよ。

小林：信頼関係もあるし。僕は基本、いいと思ったら、やってみようというタイプなんです。周りからも、変わるよって言われたから、取り入れようと思いました。驚いたのは、加瀬トレーナーは、脚のつった選手たちを戻すんで…。普通、筋肉がつっていると、一回伸ばして、もう一回伸ばして、戻して、二、三回いったら、もうだめですよ。でも加瀬トレーナーは、一分ちょうだい、二分ちょうだい言って、結局、戻す。そういうことをやっていると、試合中のトラブルが少ないよね。

加瀬：はい。

小林：試合中につる選手がいないって、すごいことですよ。

加瀬：私からすると、そんなにすごいことじゃない。当たり前のことを当たり前にすればいいだけ…。今まで、つるっていうことは、結局、水分が足りないとか、電解質が足りないとか、そういう日常的な部分、単純に言うと、筋肉が炎症を起こしている部分の炎症をとっていってあげれば、摩耗しなくなってくるだけの話。だからそれは、日常的な努力にアイシングを取り入れていって、部活終わったら、ふくらはぎを自分たちでアイシングしていって、いい状態にする。それは、はみがきするのと同じ。物を食べて、歯の間にあるカスを取っておかないと虫歯になるのと同じで、それをやればいい話。だから、つる人間に、「アイシングしてないだろ」と聞くと、「いやー、先週しました」とか言われれば、「お前全然やってないじゃないか」っていう形で指摘する。

小林：指摘される方も、やることをやっていないっていう後ろめたさが今はあるから…。

加瀬：やっていないって選手に言う。やっぱりきちんとやっている選手は、つらないし、いい状態になる。いろいろケアをしても、オーバーワークになったり、気温などの環境的な要素で脱水状態ぎみになったり、過労で脚がつる場合もある。ただ、ほぼほぼ試合の中では、脚がつったことが原因で試合に出れないっていう選手はまずいない。

小林：いないね。つったの覚えてないもんね。

加瀬：以前は、必ず試合のたびに脚がつる選手がいましたね。

小林：がっーて圧迫して、あと一分とか、二分とかやってそれでもダメなときはダメ。でも、今年の試合でつったやつがいないよね。

加瀬：いないわけではないけど、もう試合に全然出られないぐらいのはなかったですね。

（二〇一九年一月二七日　佼成学園総合グランドにて）

高校アメリカンフットボールにおける肩関節脱臼について

加藤敦夫

アメリカンフットボールは相手との接触が激しいスポーツでありコリジョン（衝突）スポーツと呼ばれ、ラグビーや柔道などと一緒に他のスポーツとは区別して考えられています。これらコリジョンスポーツでは、タックルなどの際に腋が開いた状態で腕を後方に持っていかれ肩関節が脱臼してしまうことがあります。

人と人が衝突するスポーツである以上、肩関節脱臼が完全に起こらないようにはできないかもしれませんが、以下のような取り組みで減らすことはできると考えています。

タックルする時に、①相手をしっかり見ること②飛び込まないでしっかり体をよせること③腕をボクシングのフックのように横から出すのではなく、アッパーカットのように下から出すこと。これらをドリルなどで基礎から繰り返し繰り返し練習し、試合中にも正しいフォームでタックルできるように身につけることがとても重要です。そして、それを疲れている試合終盤でも実行できるようになるために日頃から体幹などの筋力トレーニングを十分に行うことも必要です。

それでも脱臼してしまった場合は、現場に医師か柔道整復師がいない場合は、医療機関を受診して整復（脱臼を戻す）してもらいましょう。脱臼を戻してもらっても、脱臼した原因である関節唇-靭帯複合体（関節のストッパー）の損傷はまだ治っておらず、焦って復帰してしまうと肩は脱臼がクセになりやすく（脱臼を繰り返しやすく）なってしまうことがよくあります。脱臼を繰り返すことにより、日常生活やスポーツに支障をきたす場合は手術が必要となります。ですから、整復してもらった後も3週程度の装具などによる肩の固定やその後のリハビリをしっかりとし、医師や理学療法士、チームのトレーナーと相談して復帰時期は慎重に検討してください。

また、「外れた」、「ずれた」、「緩い」などの自覚がなくても、肩に痛みが続く時は、いつかの転倒や相手との接触で関節唇ー靭帯複合体が損傷し、少しずれた（亜脱臼）けど自然に整復された可能性があります。この場合は、我々医師も診察やレントゲンだけでは判断できない場合が多いため、コリジョンスポーツ選手にはこのようなことがあることを念頭に置き、関節唇ー靭帯複合体が損傷あるかもしれないと疑いＭＲＩなど精密検査をお勧めしています。

コリジョンスポーツは怪我を０件にすることは困難ですが、選手、ご家族、監督、コーチ、スタッフが理解をし、予防できる怪我を減らし、スポーツを楽しんで頂きたいと思います。

プロフィール
加藤敦夫　かとうあつお
清泉クリニック整形外科 東京荻窪
略歴　　平成９年　関西医科大学医学部卒業

平成23年　東京医科歯科大学大学院　臨床解剖学分野

資格
日本整形外科学会専門医
日本整形外科学会認定スポーツ医
日本体育協会公認スポーツドクター

高校アメリカンフットボールにおける脳神経外傷について

宇佐美　憲一

アメリカンフットボールは他のスポーツと比較してコンタクトが激しく、脳や脊髄の損傷が起こりやすいスポーツです。これらの怪我は防具をつけているにも関わらず起こるものであり、逆に、防具をつけているからこそそのフルコンタクトの結果起こっているとも言えます。脳神経外傷を防止するためには、安全なブロック・タックル技術の習得とそれを正しく行うことができる状況で練習・試合をするということが重要です。

安全なブロック・タックル技術の原則は、頭から当たらないようにすることです。正しいフォームを身につけるということも重要ですが、それを実行できるようになるために日頃から体幹部や頸部の筋力トレーニングを十分に行わなければなりません。また、正しい技術を習得しても、栄養・水分が不足している、体調が悪い、正しく十分な運動前準備（アップ）を行っていないなど、コンディショニングが悪い状態ではパフォーマンスを最大限に発揮できません。中でもアップは特に重要で、筋力を十分に発揮できるように準備することで正しいフォームでプレーができ、けがを防止することが可能になります。

では脳神経外傷の可能性があるのはどのような時なのか、また、実際にどのように対応すべきなのでしょうか。最も頻度が高いのは脳振盪です。意識を失うことは稀で、記憶障害、頭痛、めまい、ふらつき、嘔気、ぼーっとしているなど、いつもと違う様子となります。脳振盪の状態で再度強い頭部刺激が加わると不可逆的な脳損傷を起こすといわれています。したがって、脳振盪を疑う症状があれば、直ちに競技をやめて、専門家の判断を仰ぎましょう。意識障害（放っておくと眠ってしまう、起きない）、手足のどこかが動かせない、けいれんした、激しい頭痛、繰り返す嘔吐などがあれば頭蓋内出血が疑われます。直ちに救急車を呼びましょう。タックル・ブロック時に頸部の強い痛みがある、手足のどこかがしびれる、動かしづらいなどの症状は頸髄損傷が疑われます。頸髄損傷が疑われる状況では、ドクターあるいは有資格トレーナーがいない状況であれば、試合を中断して救急車を呼び、それまでは選手を絶対に動かさないようにしましょう。脳神経外傷後に競技復帰する基準については専門家の判断を受けねばなりません。

　脳神経外傷を起こさないようにするために、また、起こってしまったときに適切な対応ができるためには、これらの知識を選手、監督、コーチ、スタッフすべてが理解し、共有することが重要です。

プロフィール
宇佐美　憲一　うさみ　けんいち
国立成育医療研究センター　脳神経外科
略歴

1977年　東京都新宿区生まれ
1996年　佼成学園高等学校卒業
2002年　筑波大学医学群医学類卒業
国立国際医療研究センター、東京大学医学部附属病院、日本赤十字社医療センター
フランス・パリ大学附属ネッカー小児病院などの勤務を経て2016年より現職

資格・学位
日本脳神経外科学会専門医・指導医
日本小児神経外科学会認定医
日本神経内視鏡学会技術認定医
日本てんかん学会専門医
医学博士

おわりに

二〇一八年一二月二四日、大阪長居ヤンマーフィールドで第四九回全国高校アメリカンフットボール選手権大会決勝戦が行われました。

関西の決勝まで上がってきた立命館宇治高校パンサーズ対する関東は佼成学園ロータス。立命館宇治は5年ぶりの全国大会決勝進出で初の全国制覇を狙う。佼成学園は3度目の全国連覇をかけて試合に挑みました。

立命館宇治は、連続タッチダウン（TD）で第一クォーターを21対0のリードで終えました。第二クォーター、立命館宇治はフィールドゴールの3点加点にとどまり、対する佼成学園は、第二クォーターの2TDで14対24と追い上げ前半を終えました。第三クォーターに立命館宇治が2TDをあげて、33対14となった。この時点で、会場も立命館宇治の初優勝を確信し始めた空気に包まれました。しかし、第四クォーター

に佼成学園は猛攻撃に打って出ました。19点差に追い付き、ディフェンスバック（DB）野村がファンブルリカバーからのTDで勝ち越しました。今まで体験したことのない歓声で会場が大きく揺れました。涙を流して喜んでいる応援団。自信と誇りで輝いている選手たち、そしてコーチたち。ネットでは「イブの奇跡」と騒がれるほど衝撃的で、興奮するほどの試合でした。

私にとっては、佼成学園のヘッドトレーナーに就くことになって四年目。今までにないほど、精神的にも緊張し、心に残る良い試合でした。この三年間、ロータスの選手たちは、どの高校よりも長くアメリカンフットボールをプレーすることが出来ました。体力的にも精神的にも選手やスタッフたちはギリギリまで疲れ果てましたが、シーズンのラストを勝利で飾ることが出来ると、今までの苦労が報われ、苦しかった練習や試合の思い出もとても充実した時間に変わっていくのが不思議に思えてきます。

ただ私には、もう一試合、思い出に残る大事な試合があります。

それは、二〇一五年東京都秋季大会での足立学園との一回戦。ロータスの一軍　選手がバタバタと負傷で苦しみ、要のクオーターバックも膝の負傷を負い、14対21で初戦敗退。アメリカンフットボールでは試合に負けた時点でそのシーズンが終わります。来年の春に向けて長いトレーニングの時間がはじまりました。

コンタクト競技においてケガはつきものです。特にアメリカンフットボールは重篤なケガになる可能性もあり、練習や試合で選手が負傷でフィールドに倒れたとき、トレーナーは毎回生きた心地がしません。

監督と話しながら、来シーズンはいかに当たり負けをしなく、選手がケガをせずに体作りをしていくかを考えていくことが課題であり、食事のとり方、トレーニング内容、練習や試合前のストレッチングの見直しなど、「日本一になるため」の身体づくりプロジェクトが開始されました。

監督やコーチはいかに試合で勝てるか、練習メニューや作戦を立てていきます。トレーナーはそれとは別に、いかに選手がケガをしないか、どのようにして早くケガから復帰出来るかについていつも考えていました。

本書は実際に佼成学園ロータスが活用しているアップメニューをご紹介しています。アメリカンフットボールに限らず、どのスポーツでも活用できるためのトレーニングメニューになっています。選手がいかにケガをせず、ベストのパフォーマンス状態で結果に結びつくことが出来ることを常に望んでいます。この書籍が、その実現のため少しでも役に立っていただけることを切に願っております。

佼成学園高等学校アメリカンフットボール部「LOTUS」ヘッドトレーナー
加瀬　剛

参考文献

キネシオテーピング　日常生活編　キネシオテーピング協会　創芸社
キネシオテーピング　最新マニュアル　加瀬建造　ノースランド出版
クライオセラピーマニュアル　加瀬建造　科学新聞社
間違った健康法　ストレッチングは危ない　加瀬建造　本の泉社
マッスルユニットトレーニング　加瀬建造　ベースボールマガジン社
マッスル・ユニット・トレーニング　加瀬建造　エンタープライズ

キネシオテーピング
既刊案内

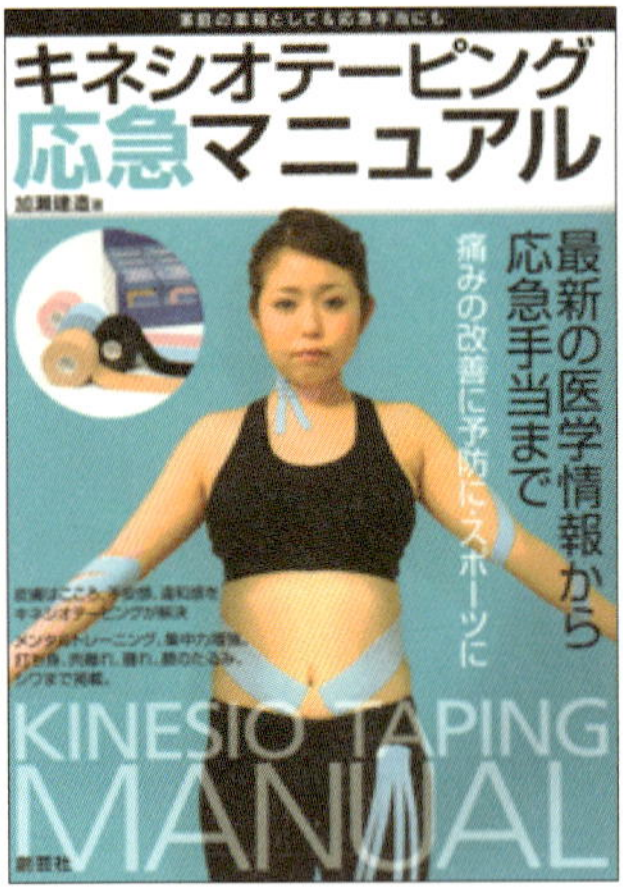

**キネシオテーピング
応急マニュアル**

定価 1,800 円 + 税

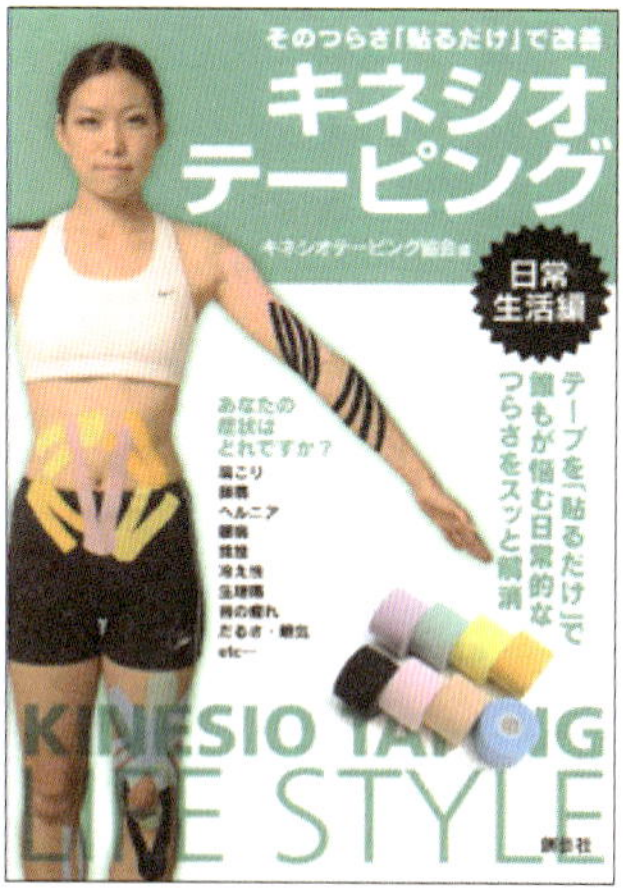

キネシオテーピング療法
プロの技
診たてからのテーピング
（新装版）

定価 1,800 円 + 税

キネシオテーピング
日常生活編

定価 1,800 円 + 税

勝つための
最強体幹力メソッド

2019 年 8 月 23 日　初版発行

著者　加瀬　剛
発行人　吉木稔朗
発行所　株式会社創藝社
〒 162-0806
東京都新宿区榎町 75 番地　AP ビル 5 階
TEL：03-6273-9530　FAX：03-6273-9634

デザイン装丁　柳田理絵子・大山春幸
イラスト　伊東あこた
印刷所　中央精版印刷株式会社

ISBN 978-4-88144-250-0 C0075　￥1500E